Soukaina Benchaou

Analyse et reconnaissance des caractères par différentes approches

Soukaina Benchaou

Analyse et reconnaissance des caractères par différentes approches

Approches statistiques, structurelles et évolutionnistes

Noor Publishing

Imprint
Any brand names and product names mentioned in this book are subject to trademark, brand or patent protection and are trademarks or registered trademarks of their respective holders. The use of brand names, product names, common names, trade names, product descriptions etc. even without a particular marking in this work is in no way to be construed to mean that such names may be regarded as unrestricted in respect of trademark and brand protection legislation and could thus be used by anyone.

Cover image: www.ingimage.com

Publisher:
Noor Publishing
is a trademark of
International Book Market Service Ltd., member of OmniScriptum Publishing Group
17 Meldrum Street, Beau Bassin 71504, Mauritius

Printed at: see last page
ISBN: 978-620-0-06595-7

Zugl. / Agréé par: Oujda, Université Mohamed Premier, 2019

Analyse et reconnaissance des caractères par différentes approches.

Soukaina Benchaou

Résumé

La reconnaissance de l'écriture manuscrite et imprimée est largement utilisée dans diverses applications telles que le tri de courriers, lecture des chèques bancaires, la gestion de factures, etc. Les travaux présentés dans cette thèse s'intéressent essentiellement à la proposition de nouveaux systèmes de reconnaissance basés sur l'approche hybride (statistique et structurelle) et l'approche évolutionniste (algorithme génétique et stratégie d'évolution). Pour assurer la reconnaissance d'un caractère, ce dernier est sujet d'une étape de prétraitement, ensuite il est décrit par des primitives bien spécifiques, et finalement reconnu suite à la mise en correspondance de son descripteur avec ceux d'une base prédéfinie.

L'extraction des primitives pertinentes et discriminantes se montre souvent la phase la plus complexe et critique lors de la conception d'un système de reconnaissance car un mauvais choix des primitives influence négativement et nettement sur les résultats de la classification même si on utilise un classifeur très performant. Pour cela, nous avons proposé une nouvelle approche structurelle d'extraction des primitives basée sur le codage de Freeman qui consiste à élargir les directions de Freeman à 24-connexités au lieu d'être limité à 8 connexités. Une phase de prétraitement, pour la détection et la fermeture du contour en utilisant les opérateurs de la morphologie mathématique, est proposée.

Pour une meilleure caractérisation de l'image du caractère et donc une interprétation plus fiable, nous avons proposé un système hybride qui combine les deux processus d'extraction, statistique et structurel.

Un autre apport de cette thèse est d'améliorer le taux de reconnaissance du système proposé par approche évolutionniste. Il s'agit d'optimiser le vecteur attribut qui regroupe les différents attributs. Cette optimisation joue le rôle d'un filtre face au bruit apporté par les descripteurs non discriminants. Pour cela, une fonction sélective et des mécanismes d'évolution (sélection et mutation) sont proposés.

Les résultats expérimentaux obtenus sont très satisfaisants et confirment les bonnes performances des approches proposées.

Mots clés : Reconnaissance de caractères, extraction des primitives, approches statistiques et structurelles, morphologie mathématique, codage de Freeman, sélection des attributs, algorithme génétique, stratégie d'évolution, k plus proches voisins, fuzzy min max classification, réseau de neurones.

Abstract

Handwritten and printed recognition is widely used in various applications such as sorting mail, bank cheque reading, bill management,etc. Several studies have been addressed to optimize and improve printed recognition. In this sense, works presented in this thesis focus primarily on the proposition of new recognition systems based on hybrid approaches (statistical and structural) and evolutionnist approach (genetic algorithm and evolution strategy). In order to ensure a better character recognition using our proposed system, the character is firstly subject to a preprocessing step, then it is described by specific characteristics, and finally recognized.

The extraction of relevant and discriminant primitives is often the most complex and critical phase in a recognition system. Indeed, a bad choice of primitives influences negatively and strongly the results of the classification even if the classifier is performant. In order to overcome this issues, we proposed a new structural approach of features extraction based on the Freeman code method that consists of extending Freeman's directions to 24-connectivities instead of being limited to 8-connectivities. A preprocessing phase for edge detection and closure by a continuation of morphological operators are proposed.

In addition to that and for a better characterization of the character and therefore a more reliable recognition, we proposed a hybrid system that combine the two extraction processus, statistical and structural.

Another contribution of this thesis is to improve the recognition rate of the proposed system by evolutionist approach. This is to optimize the attribute vector that groups the different characteristics. This optimization plays the role of a filter against the noise provided by the non-discriminating descriptors. For that, a fitness function and the evolutionary mechanisms that are selection and mutation are proposed.

The obtained experimentals results are very satisfactory and confirm the good performances of the proposed approaches and have proved their efficiency.

Keywords : Character recognition, features extraction, statistical and structural approaches, mathematical morphology, Freeman code, features selection, genetic algorithm, evolution strategy, K nearest neighbors, fuzzy min max classification, neural network.

Table des matières

Table des figures

Liste des tableaux

Liste des abréviations

AE	Algorithme Evolutionnaire
AG	Algorithme Génétique
CHA	Classification Hiérarchique Ascendante
CHD	Classification Hiérarchique Descendante
FMMC	Fuzzy Min Max Classification
HOG	Histogramme de Gradients Orientés
kPPV	k Plus Proches Voisins
PMC	Perceptron MultiCouches
RNA	Réseaux de Neurones Artificiels
RPG	RétroPropagation du Gradient
SE	Stratégie d'Evolution
SVM	Support Vector Machine

Introduction générale

Cadre général

La technologie de la reconnaissance de caractères constitue un pilier fondamental pour la dématérialisation de documents qui est un processus clé largement utilisé ces dernières décennies. La dématérialisation de documents [Sou16] se définit comme étant une modalité de conservation de l'information sans support physique tel qu'un courrier papier, document administratif, document patrimonial, ou encore un document papier issu d'un livre, d'un journal, ou d'une revue, etc. Une fois que le document papier est numérisé et transformé en images numériques, le texte est extrait de l'arrière-plan, puis segmenté en caractères disjoints et par la suite ces caractères sont décrits et enfin reconnus.

Notre sujet de thèse s'intéresse principalement à la reconnaissance des caractères (chiffres et lettres) manuscrits et imprimés qui constitue un axe de recherche vivace et vaste autour duquel plusieurs travaux de recherches intenses ont vu le jour. La reconnaissance des caractères est usitée avec force dans plusieurs domaines technologiques tels que : l'enregistrement et la lecture automatique de chèques bancaires, la sécurisation des documents, le tri automatique du courrier postal, le traitement automatique des dossiers administratifs, des formulaires d'enquêtes, de bons de commande, des codes à barres, etc. Le domaine de la reconnaissance de l'écriture reste toujours à explorer étant donné la complexité et la diversité des styles et formes d'écriture.

En effet, l'activité de reconnaître et lire qui est simple pour un humain, n'est pas une tâche évidente et triviale à faire reproduire à un ordinateur. De ce fait, il est incontournable de se servir d'un système de reconnaissance ou de classification qui consiste à attribuer un caractère non connu à une classe prédéfinie à partir de sa description selon un critère de similarité dans le but de rassembler les objets les plus similaires possibles au sein de la même classe conformément à des caractéristiques bien spécifiques.

Généralement, l'étape de classification des données peut être menée de manière supervisée ou non supervisée. Les méthodes supervisées sont des méthodes dans lesquelles le nombre de classes est connu a priori. Elles demandent une première phase d'apprentissage qui se préoccupe d'élaborer des échantillons représentatifs à chaque classe et une deuxième phase de test pour décider de l'appartenance d'un objet à la classe correspondante en fonction de l'ensemble d'apprentissage. Les méthodes non supervisées, consistent à former des classes dans un ensemble de données non étiquetées. Autrement dit, aucune connaissance du nombre de classes ou d'appartenance des données aux différentes classes n'est connue a priori.

Durant notre travail, le système de classification que l'on a étudié a toujours nécessité le passage par trois principales phases qui sont : le prétraitement, l'extraction des primitives et la phase de décision ou de classification. Ces trois phases consistent en :

- Le prétraitement est une étape fondamentale qui sert à éliminer le bruit et les différentes distorsions liés à la numérisation des documents et qui tendent à compliquer la reconnaissance. L'opération de prétraitement inclut diverses fonctions pour ressortir avec une image claire qui soit utilisée directement et efficacement dans la phase d'extraction des caractéristiques.
- L'extraction des primitives ou des attributs est l'étape qui permet de représenter les données d'entrée par un ensemble de caractéristiques, regroupées dans un vecteur attribut, qui soient les plus représentatives pour pouvoir les distinguer parmi un ensemble de données lors de la phase de classification. En effet, un mauvais choix des primitives influence négativement et considérablement les résultats même si on utilise une méthode de classification performante. Dès lors, il est nécessaire d'extraire des primitives pertinentes et discriminantes lors du développement du système de reconnaissance. Deux principales catégories de primitives [HPM+98] sont considérées en littérature; les primitives statistiques représentent l'information distribuée sur la totalité de l'image en utilisant des mesures statistiques (densité, moyenne, variance, etc) tandis que les primitives structurelles, elles, sont basées sur une représentation linéaire de la forme du caractère extraites généralement à partir du contour ou du squelette. Selon les méthodes d'extraction adoptées, la taille du vecteur d'attributs obtenu peut être large et contient dans certains cas des attributs redondants ou non pertinents, qui peuvent diminuer la performance de la classification. De ce fait, une phase de sélection des attributs sera primordiale. Elle consiste à réduire le nombre des attributs initiaux en éliminant les informations redondantes et inutiles, afin d'améliorer les performances de la classification et de diminuer le temps d'apprentissage.
- La classification est constituée principalement d'une panoplie de méthodes et d'algorithmes qui reposent sur une stratégie de décision qui permet de donner le meilleur groupement en classes de l'ensemble des objets à traiter selon des critères d'optimisation.

Principales contributions

Dans cette thèse nous nous intéressons principalement aux étapes de prétraitements et de l'extraction des primitives pour la reconnaissance des caractères auxquelles revient la première responsabilité dans la qualité des résultats de classification. Un mauvais choix des primitives influence négativement et considérablement sur les résultats même si on utilise une méthode de classification performante. Dans ce contexte, nous proposons une nouvelle approche de reconnaissance des caractères basée sur la méthode structurelle qui combine le codage de Freeman et la morphologie mathématique. Nous nous intéressons également à la concaténation des vecteurs attributs de deux catégories de primitives, statistiques et structurelles, pour une meilleure description du caractère. En dernière partie, nous étudions la sélection des attributs les plus pertinents par algorithme génétique et par une nouvelle approche évolutionniste basée sur les stratégies d'évolution afin de diminuer le nombre de primitives et d'améliorer ou maintenir les performances du système de reconnaissance. Les résultats obtenus par les approches proposées sont très satisfaisants et confirment la bonne performance des méthodes et algorithmes utilisés pour la reconnaissance des chiffres.

Organisation du manuscrit

Ce manuscrit est organisé en six chapitres :

Dans le premier chapitre, nous présentons les différentes étapes du système de reconnaissance ou de classification. En premier lieu, nous décrivons la phase de prétraitement et ses différentes techniques. En deuxième lieu, nous abordons la phase d'extraction des primitives ou d'attributs. Dans ce cadre, nous présentons les différentes techniques statistiques et structurelles permettant de décrire les caractères chiffres ou lettres manuscrits, imprimés et isolés.

Le second chapitre de ce manuscrit est dédié à la phase de décision. Nous commençons par introduire quelques concepts relatifs aux différentes approches de la classification. Nous présentons par la suite trois différentes techniques utilisées dans nos contributions. D'abord, la méthode k plus proches voisins basée sur la notion de métrique, ensuite la méthode Fuzzy min max et finalement la classification par réseaux de neurones où une attention particulière est donnée au perceptron multicouches.

Le troisième chapitre présente le concept des approches évolutionnistes. Dans un premier temps, nous abordons les algorithmes génétiques en présentant le principe, les différentes étapes, ainsi que les opérateurs de reproduction adoptés. Dans un deuxième temps, nous exposons de même les stratégies d'évolution.

Nous proposons, dans le quatrième chapitre, un nouveau système de reconnaissance des chiffres basé sur le codage de Freeman. Notre contribution intervient en premier au niveau de la phase de prétraitement pour remédier au problème de fermeture de contours par morphologie mathématique. Ensuite, en phase d'extraction de primitives, nous présentons notre stratégie d'extraction de caractéristiques structurelles qui consiste à améliorer les directions du codage de Freeman à 24-connexités au lieu d'être limité à 8-connexités. Cette nouvelle méthode est comparée avec la version classique du codage de Freeman et autres méthodes d'extraction de primitives. Le système de reconnaissance que nous avons adopté dans ce cas, utilise les méthodes de classification k plus proches voisins et fuzzy min max. Nous évaluons notre approche par des expérimentations sur une base de données des images chiffres et lettres manuscrits et imprimés provenant de différents scripteurs.

Dans le cinquième chapitre, nous présentons les performances des systèmes hybrides pour la reconnaissance des chiffres. Les différentes phases des systèmes de reconnaissance sont détaillées. Les images d'entrées subissent d'abord des prétraitements, ensuite en phase d'extraction, nous combinons la méthode structurelle Freeman améliorée avec autres méthodes statistiques pour déterminer le vecteur attribut du chiffre donné. Les classifieurs k plus proches voisins et fuzzy min max sont utilisés.

Dans le sixième chapitre, nous proposons deux nouvelles méthodes de sélection des attributs, une basée sur une approche génétique et une autre basée sur les stratégies d'évolution pour l'optimisation du choix des q attributs parmi les N attributs initiaux par la minimisation ou maximisation d'une fonction coût. Dans un premier temps, nous formalisons le problème de sélection des attributs pour ensuite exposer les différentes étapes associées à l'exécution de chaque algorithme utilisé (essentiellement le choix de la fonction sélective et le principe des opérateurs évolutionnistes adoptés). Enfin nous évaluons les performances de nos approches de sélection des attributs par quelques résultats expérimentaux sur des images de caractères (chiffres et lettres).

Les diverses expérimentations et simulations sont effectuées sur une base de données de 600 chiffres, imprimés et manuscrits, provenant de différents scripteurs.

Ce manuscrit s'achève par une conclusion générale permettant de rappeler les principales contributions de cette thèse, et de passer en revue les perspectives et extensions que nous envisageons dans l'avenir.

Chapitre 1

Prétraitement et extraction des primitives

Dans ce chapitre, nous commençons par donner un aperçu global sur le système de reconnaissance des formes en général, et des caractères en particulier. D'abord, nous présentons une panoplie de techniques de prétraitement utilisées pour des images numériques et des images de caractères. Ensuite, nous décrivons la phase d'extraction des primitives en présentant différentes approches statistiques et structurelles pour représenter l'image de caractère par un vecteur de caractéristiques qui soient le plus discriminant possible.

1.1 Introduction

La reconnaissance des caractères est un axe du traitement d'images et de l'intelligence artificielle qui vise à distinguer les différentes formes des caractères au niveau de la perception. C'est un domaine très vaste qui a pris, ces dernières décennies, un réel envol en s'impliquant avec force dans de nombreuses applications industrielles, notamment dans le domaine de la lecture automatique de formulaires, de chèques ou d'adresses postales [JRMP12], ainsi que les applications de reconnaissance de l'écriture dites « en ligne » à travers les PDA, tablettes, etc.

Le principe d'un système de reconnaissance est la classification d'un ensemble de données sous forme de classes distinctes selon des caractéristiques spécifiques. L'ensemble de données , dit d'apprentissage, est regroupé a priori en classes et constitue des prototypes auxquels de nouvelles données, dites de test, seront comparées pour être identifiées et classifiées. Généralement, un système de reconnaissance ou de classification est représenté par la figure 1.1 :

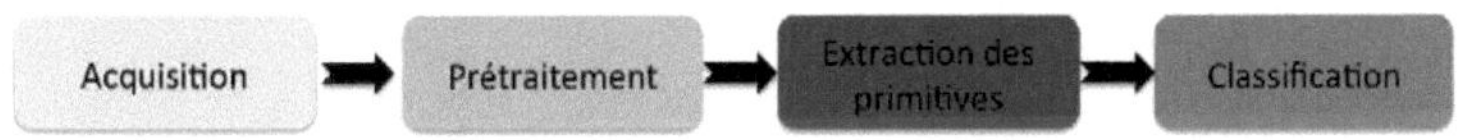

FIGURE 1.1 – Les principales étapes de la classification des données

Le système de classification ayant pour but de prédire la classe d'appartenance d'une forme inconnue, passe par quatre principales phases [RPD01] : l'acquisition, le prétraitement, l'extraction des primitives et la phase de classification ou de décision. L'acquisition est l'étape qui permet la conversion du document papier sous la forme d'une image numérique. Les images acquises par les systèmes d'imagerie optique (caméra, scanner, etc.) peuvent subir des distorsions (bruit, inclinaison, etc.) qui conduisent à la réduction de qualité. Généralement, les performances d'un système de reconnaissance de formes dépendent en bonne partie de la qualité de l'image prise. Par ailleurs, la phase de prétraitement s'avère d'une importance majeure à l'amélioration de la qualité des images dues au processus d'acquisition avant de passer à la phase d'extraction des primitives et de classification.

L'ensemble des étapes du système de reconnaissance en amont, sauf celle de l'acquisition, sera détaillé par la suite. Dans ce chapitre, nous allons présenter la phase de prétraitement et la phase d'extraction des primitives. La phase de classification est présentée en chapitre 3.

1.2 Prétraitement

Le prétraitement est une phase primordiale dans le système de reconnaissance des formes qui consiste à préparer l'image scannée au traitement. Il a pour but de simplifier la caractérisation de la forme (lettre, chiffre, etc.), en éliminant le bruit superposé aux images dû au dispositif et aux conditions d'acquisition, et en réduisant la quantité d'informations à traiter pour ne garder que les informations significatives.

Le prétraitement désigne un ensemble de méthodes de traitement d'images dont l'objectif est de transformer les images d'origine pour améliorer leur apparence et encore extraire les informations les plus significatives afin de les coder de manière plus compacte.

L'objectif de cette section est de présenter quelques techniques de prétraitements qui aident à extraire facilement les caractéristiques des caractères et ainsi à améliorer la qualité de la classification. L'utilisation de chacune de ces techniques dépend de la nature des données à traiter et des méthodes d'extraction des primitives qu'on va utiliser par la suite.

1.2.1 Image numérique

Une image numérique, désigne toute image acquise, traitée et sauvegardée sur un support informatique. Elle est constituée d'un ensemble de points appelés pixel où chaque pixel représente une intensité lumineuse donnée. L'ensemble de ces pixels est contenu dans un tableau à deux dimensions (matrice) constituant l'image. La numérisation d'une image consiste à coder l'information en des chiffres en mode binaire.

Codage en noir et blanc

Une image binaire est une image pour laquelle chaque pixel est codé sur un bit, le pixel peut avoir la valeur 0 (noir) ou 1 (blanc). La figure 1.2 représente une image binaire.

FIGURE 1.2 – Exemple d'une image binaire

Codage en niveaux de gris

En ce type de codage, si on code par exemple chaque pixel sur deux bits, on aura 4 possibilités (noir, gris foncé, gris clair et blanc), l'image sera donc très peu nuancée mais plus que le noir et blanc. En général, chaque pixel est codé sur 8 bits (1 octet). On a alors 256 niveaux de gris ($2^8 = 256$ possibilités). La figure 1.3 représente une image en niveaux de gris.

FIGURE 1.3 – Exemple d'une image en niveaux de gris

Codage en couleurs

Il existe plusieurs modes de codage de la couleur. Le plus utilise est le codage RVB pour Rouge, Vert et Bleu. Ces trois couleurs sont les couleurs primaires en synthèse additive. En ce type de codage, la couleur d'un pixel est codée sur trois octets, soit 2^{24} couleurs possibles. La figure 1.4 représente une image numérique en couleur et ses trois intensités lumineuses : rouge, verte, bleue.

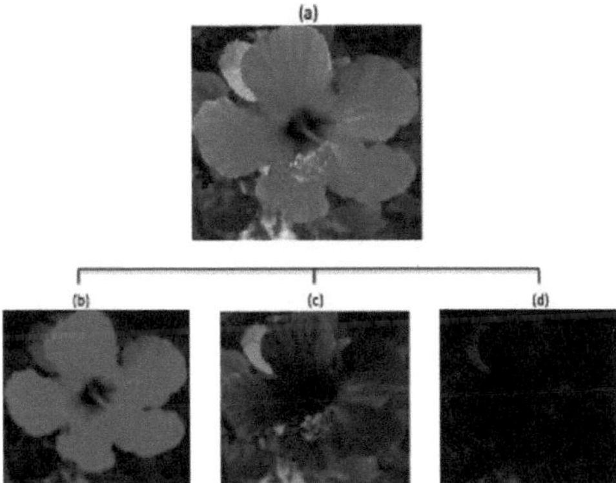

FIGURE 1.4 – (a) : Image en couleur, (b) : Intensité rouge, (c) : Intensité verte, (d) : Intensité bleue.

1.2.2 Histogramme d'une image

L'histogramme d'une image numérique $H(x)$ est la fonction qui associe à chaque valeur d'intensité (niveau de gris) x, le nombre de pixels dans l'image ayant cette valeur. Il permet ainsi de donner plus d'informations sur la répartition des pixels en fonction de leur niveau de gris. L'histogramme d'une image en N niveaux de gris est représenté par un graphique possédant N valeurs en abscisses, et en ordonnées le nombre de pixels de l'image. Sous Matlab, la fonction qui permet de calculer l'histogramme d'une image est la fonction **"imhist"**.

Histogramme cumulé

L'histogramme cumulé d'une image consiste à calculer le nombre de pixels ayant une valeur inférieure à un niveau de gris donné. L'histogramme cumulé est défini en fonction du niveau de gris i par :

$$H_c(x) = \sum_{i=0}^{x} H(x)$$

où : x représente le niveau de gris et $H(x)$ représente le nombre de pixels ayant le niveau de gris x.

La figure 1.5 représente respectivement l'histogramme et l'histogramme cumulé de l'image (a).

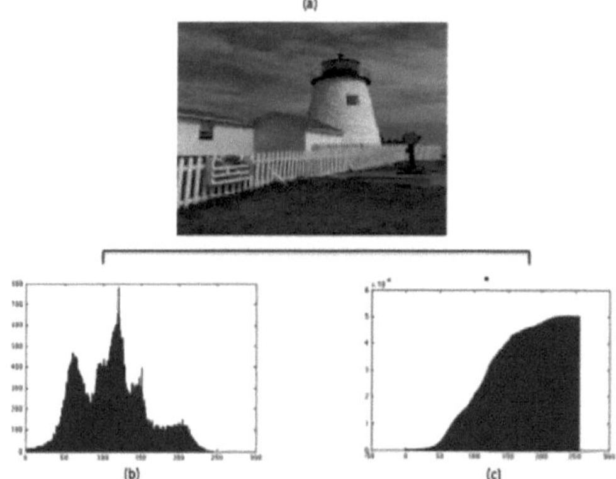

FIGURE 1.5 – (a) : Image en niveaux de gris, (b) : Histogramme, (c) : Histogramme cumulé.

1.2.3 Binarisation

La binarisation ou seuillage [GTTM03, SS04] est un procédé qui produit seulement deux types de pixels dans une image : des pixels noirs et des pixels blancs. La binarisation consiste à prendre un seuil identique pour toute l'image et mettre à zéro tous les pixels ayant un niveau de gris inférieur au seuil et à la valeur maximale tous les pixels ayant un niveau de gris supérieur à ce seuil.

La méthode utilisée pour déterminer le seuil de binarisation consiste à calculer l'histogramme cumulé des niveaux de gris de l'image. Les pixels ayant un niveau de gris supérieur à ce seuil appartiennent au fond et ceux ayant une valeur inférieure appartiennent à l'objet. Il existe également les fonctions de Matlab **"graytresh"** pour déterminer le seuil, et la fonction **"im2bw"** pour la binarisation.

$$seuil = \frac{H_c(I(i,j))}{M * N}$$

$H_c(I(i,j))$ est l'histogramme cumulé.
$M * N$ est la dimension de l'image (M lignes et N colonnes).

1.2.4 Détourage

Le détourage est une phase très utilisée dans divers domaines notamment la reconnaissance des caractères [EM13]. Le principe du détourage est de retirer juste la zone utile de l'arrière plan, pour extraire l'objet d'intérêt. La procédure permet d'éviter la phase de centralisation et permet de connaître les dimensions de l'objet d'intérêt dans l'image. Cette étape consiste à recadrer l'image et éliminer tout espace blanc en dehors de l'objet. Elle se fait en glissant les lignes de côtés gauche, haut, droit et bas de l'image. Ces lignes s'arrêtent dès qu'elles rencontrent un pixel réel (noir). Le détourage améliore les performances de l'image et diminue largement le temps de traitement en réduisant la zone analysée. La figure 1.6 représente respectivement l'image non détourée (a) et l'image détourée (b).

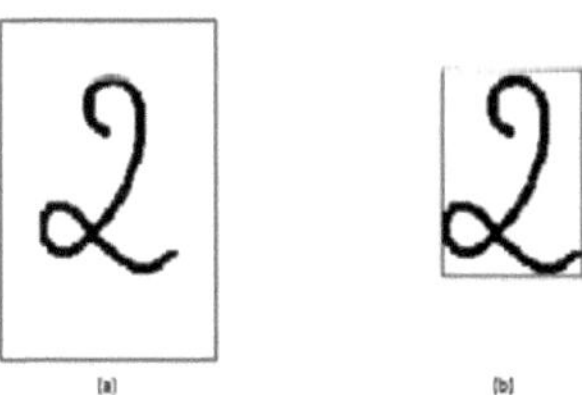

FIGURE 1.6 – Exemple de détourage du chiffre '2'.

1.2.5 Normalisation de la taille

La taille d'un caractère peut varier d'une écriture à l'autre, ce qui peut causer une instabilité des paramètres. La normalisation de ces paramètres s'avère nécessaire pour que les conditions de reconnaissance pour tout système soient les mêmes pour tous les objets. Dans notre cas on s'est intéressé uniquement à la normalisation de la taille. Elle consiste à transformer les différentes formes en une forme standard en redimensionnant la forme à une dimension prédéfinie pour que l'extraction des caractéristiques soit la moins perturbée possible par la variabilité des styles d'écriture et pour que tous les traitements portent sur des caractères de même taille. La commande **"imresize"** de Matlab a été utilisée pour cet objectif en adoptant la stratégie d'essai et d'erreur; essayer plusieurs tailles et ne garder que celle qui donne le meilleur résultat. La figure 1.7 illustre respectivement l'image initiale (a) de taille [80,50] et l'image normalisée (b) de taille [30,20].

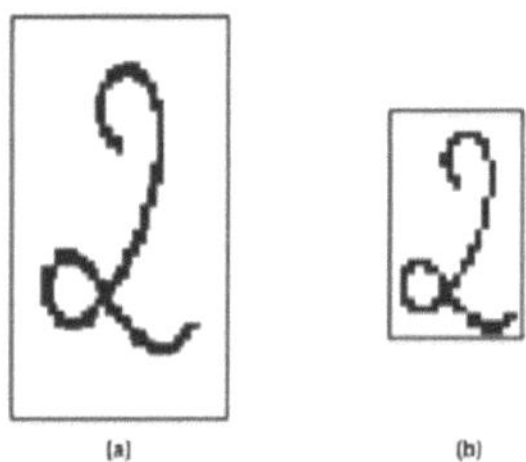

FIGURE 1.7 – Exemple de normalisation de taille du chiffre '2'.

1.2.6 Squelettisation

La squelettisation est une étape de prétraitement essentielle à la reconnaissance des formes [SBDB16]. Elle a pour but de s'affranchir au problème de l'épaisseur du trait et d'atténuer la variabilité inhérente aux styles d'écriture tout en réduisant le volume d'information à manipuler. Le principe de la squelettisation consiste à décrire chaque objet par un ensemble de lignes infiniment fines. La ligne est réduite à 1 pixel de largeur.

La notion du squelette est définie comme étant une représentation d'une forme qui conserve les propriétés topologiques de la forme qu'il représente, mais malheureusement, il est très sensible au bruit et ceci engendre des déformations et des discontinuités du contour dans l'image squelettisée. Dans notre étude, nous avons utilisé la fonction prédéfinie **"bwmorph"** de Matlab pour appliquer la squelettisation. La figure 1.8 représente respectivement l'image initiale (a) et l'image squelettisée (b).

(a)

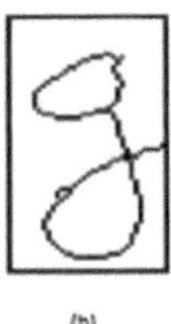

(b)

FIGURE 1.8 – Exemple de squelettisation de la lettre 'g'.

1.2.7 Détection de contours

La détection de contour est une étape préliminaire à de nombreuses applications de l'analyse d'images[Yük07, MA09], notamment celle d'extraction de caractéristiques [GAM09]. Elle a pour but de repérer les points d'une image numérique qui correspondent à un changement brutal de l'intensité lumineuse, et ainsi de réduire de manière significative la quantité de données tout en préservant les propriétés structurelles importantes de l'image.

Cette opération peut être réalisée grâce à des jeux de filtres particuliers [VF09, AC01]. En effet, un jeu de filtres est constitué d'une paire de filtres linéaires qui détectent les contours dans deux directions orthogonales, par exemple un filtre horizontale h et un filtre vertical v, ou un filtre diagonal a et un filtre anti-diagonal b. Plusieurs jeux de filtres ont été développés à l'instar de :

- Filtres de Prewitt

$$h = \begin{pmatrix} 1 & 1 & 1 \\ 0 & 0 & 0 \\ -1 & -1 & -1 \end{pmatrix} \qquad v = \begin{pmatrix} -1 & 0 & 1 \\ -1 & 0 & 1 \\ -1 & 0 & 1 \end{pmatrix}$$

- Filtres de Sobel

$$h = \begin{pmatrix} 1 & 2 & 1 \\ 0 & 0 & 0 \\ -1 & -2 & -1 \end{pmatrix} \qquad v = \begin{pmatrix} -1 & 0 & 1 \\ -2 & 0 & 2 \\ -1 & 0 & 1 \end{pmatrix}$$

- Filtres de Roberts

$$a = \begin{pmatrix} 1 & 0 \\ 0 & -1 \end{pmatrix} \qquad b = \begin{pmatrix} 0 & 1 \\ -1 & 0 \end{pmatrix}$$

Sous Matlab, la détection de contour est réalisée à l'aide de la fonction "**edge**".

Le problème majeur en détection de contour réside dans le fait d'avoir des contours ouverts, ce qui rend souvent plus difficile l'étape de reconnaissance des formes. Dans notre cas, il s'est avéré nécessaire de procéder à la fermeture de contours qui consiste à éliminer ces discontinuités. Plusieurs méthodes de fermeture de contours ont été proposées dans la littérature, à savoir la recherche par graphes [HPF10], la transformée de Hough [Fer16, HMSR15] et la morphologie mathématique [Yoo89, HSZ87]. Dans notre étude, on s'est basé sur les opérateurs morphologiques pour contourner ce problème d'ouverture de contour.

1.2.8 Morphologie mathématique

La morphologie mathématique [HSZ87] est une théorie d'analyse d'images constituée d'un ensemble d'opérations utilisées pour la description des formes. L'idée de base de la morphologie mathématique, introduite par [Ser83, SS12], est de comparer les objets d'une image à analyser avec un objet de référence, de forme (cercle, carré, etc.) et de taille donnée qu'on appelle *élément structurant*. Les opérateurs de la morphologie mathématique de base sont l'érosion et la dilatation. Ceux ci sont à la base d'autres opérateurs plus complexes tels que l'ouverture et la fermeture.

1.2.8.1 Erosion

L'érosion, sous Matlab **"imerode"**, est un des opérateurs de la morphologie mathématique qui permet de séparer les objets qui sont faiblement connectés et qui diminue uniformément la taille des objets en relation avec le fond. Pour définir l'opération d'érosion d'un ensemble X, soit B un élément structurant de forme et de taille connue et B_x cet élément centré en un pixel x dans un espace R^2 (Figure 1.9).

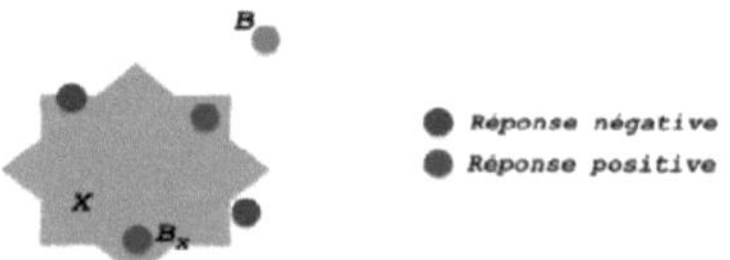

FIGURE 1.9 – Exemple du principe d'érosion.

B_x est déplacé de telle sorte que son centre occupe successivement toutes les positions x de l'espace. Pour chaque position, on se pose la question : « B_x est-il entièrement inclus dans X? ». Ainsi, l'érosion de X par B, notée $\varepsilon_B(X)$, est l'ensemble des points x de R^2 répondant à la question posée. Cet ensemble satisfait l'équation suivante :

$$\varepsilon_B(X) = X \ominus B = \{x | B_x \subseteq X\} \tag{1.1}$$

1.2.8.2 Dilatation

L'opération de dilatation, sous Matlab **"imdilate"**, se définit de manière analogue à l'opération d'érosion. Elle permet de combiner les objets qui sont proches et élargit uniformément la taille des objets. En prenant le même élément structurant B, centré en x, on se pose la question : « B_x et X ont-ils une intersection non vide ? » (Figure 1.10).

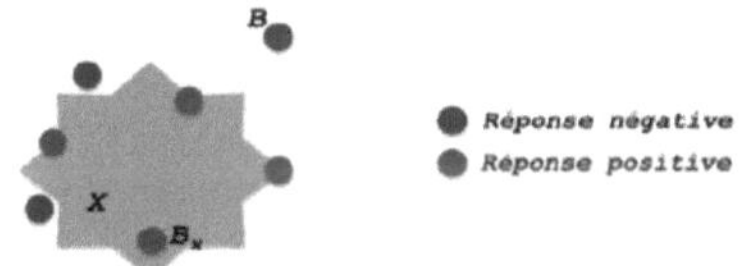

FIGURE 1.10 – Exemple du principe de dilatation.

La dilatation de X par B, notée $\varphi_B(X)$, est l'union des points x de R^2 tels que B_x intersecte X.

$$\varphi_B(X) = X \oplus B = \{x | B_x \cap X = \varnothing\} \tag{1.2}$$

La figure 1.11 représente l'érosion et la dilatation d'une image binaire par un élément structurant de forme circulaire.

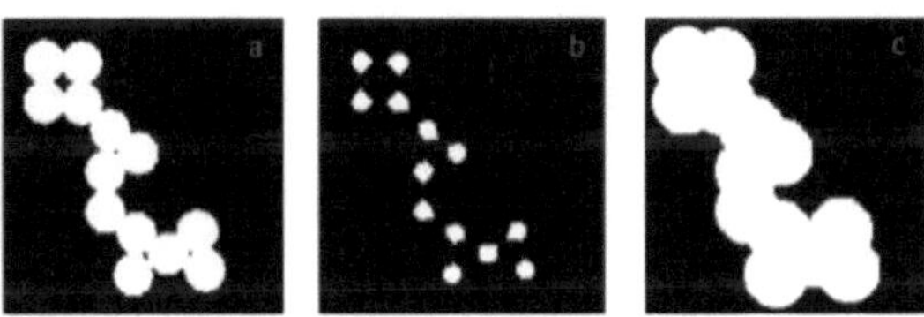

FIGURE 1.11 – Erosion (b) et dilatation (c) d'une image binaire (a).

Les applications successives des érosions et des dilatations produisent l'élimination des détails plus petits que l'élément structurant sans qu'il existe une distorsion importante des caractéristiques qui ont été retenues. On parle alors de l'ouverture et de la fermeture morphologique.

1.2.8.3 Ouverture

L'ouverture, sous Matlab **"imopen"**, est l'application de l'opérateur érosion suivi de l'opérateur dilatation avec le même élément structurant. Cet opérateur adoucit les contours, élimine les pixels isolés et contribue à la déconnexion des objets faiblement connectés.L'ouverture de X par B, notée $X \circ B$ est définie par :

$$X \circ B = (X \ominus B) \oplus B \tag{1.3}$$

1.2.8.4 Fermeture

La fermeture, sous Matlab **"imclose"**, est l'opération inverse de l'ouverture. Elle consiste en une dilatation suivie d'une érosion avec le même élément structurant. Cet opérateur a pour but de fermer les trous uniques dans les objets et rendre connexe les entités voisines.

La fermeture de l'ensemble X par l'élément structurant B, notée $X \bullet B$ est définie par :

$$X \bullet B = (X \oplus B) \ominus B \tag{1.4}$$

La figure 1.12 illustre l'ouverture et la fermeture d'une image binaire par le même élément structurant.

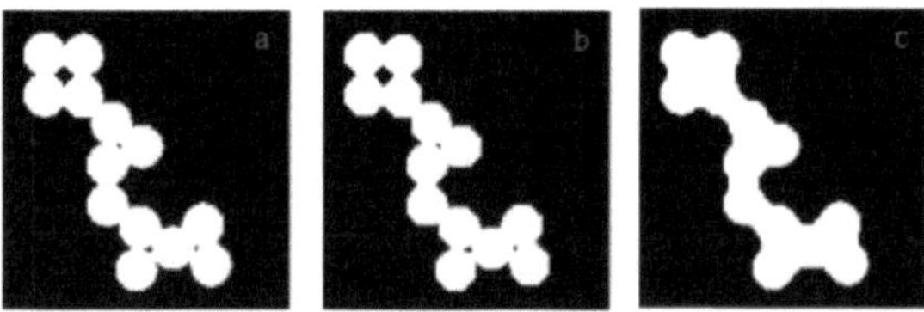

FIGURE 1.12 – Ouverture (b) et fermeture (c) d'une image binaire (a).

1.3 Extraction des primitives

Après le prétraitement, l'image de l'objet est représentée par une matrice de pixels qui peut être de très grande taille et qui peut mener à une classification médiocre. Donc, il sera désirable de représenter les objets par des caractéristiques contenant l'information nécessaire à décrire de façon non équivoque les formes appartenant à une même classe de caractères tout en les différenciant des autres classes. Cette opération est appelée l'extraction des primitives ou des attributs.

L'extraction des primitives consiste à représenter l'image de l'objet par un vecteur de primitives de dimension fixe. Ces caractéristiques qui sont exprimées sous une forme numérique ou symbolique sont concaténées dans un vecteur appelé vecteur attribut. L'extraction des primitives est une étape cruciale et critique lors de la construction d'un système de reconnaissance. Elle est cruciale car elle permet une classification meilleure, et elle est critique car le choix des primitives influence nettement sur l'efficacité de la reconnaissance [EM13].

En effet, un mauvais choix de primitives ne peut guerre être compenser par le classifieur quelle que soit sa performance. De ce fait, un des problèmes majeurs de la reconnaissance des formes se focalise autour de la détermination des caractéristiques à employer pour aboutir à une bonne classification. L'objectif est d'identifier les caractéristiques qui sont importantes et pertinentes à la discrimination de classes des différentes formes à analyser.

Dans la littérature, de nombreux travaux [KKN14, LNSF04, KB14], ont été consacrés à la recherche des méthodes d'extraction de primitives qui sont généralement classées en deux catégories principales, les primitives statistiques et les primitives structurelles [HPM+98].

Nous avons penché notre étude sur les méthodes statistiques et structurelles pour leur simplicité, leur robustesse et leur grande utilité dans la reconnaissance des caractères manuscrits. Ces méthodes sont décrites dans ce qui suit.

1.3.1 Primitives statistiques

Les primitives statistiques [JDM00b, BCV14] permettent de représenter l'information distribuée sur toute l'image en utilisant des mesures statistiques (densité des pixels, entropie, moyenne, variance, etc.) associées à des caractéristiques locales qui peuvent être basées par exemple sur l'histogramme, les projections, etc. Dans la suite de cette section, nous présentons quelques méthodes d'extraction de primitives statistiques, que nous avons utilisées pour la reconnaissance des caractères imprimés et manuscrits.

1.3.1.1 Caractéristiques statistiques

La hauteur 'H'

H est le nombre de pixels qu'occupe le caractère verticalement.

La largeur 'L'

L est le nombre de pixels qu'occupe le caractère horizontalement.

Le rapport 'R'

R est le rapport du H sur L, $R=\frac{H}{L}$.

La densité des pixels noirs 'D'

La densité des pixels noirs est le rapport du nombre de pixels noirs présent dans l'image du caractère par le nombre totale des pixels représentant l'image.

Le nombre de composantes connexes 'comp'

Pour une image binaire, une composante connexe est formée d'un ensemble de pixels, de même couleur, liés selon l'un des deux types de connexité : 4 ou 8 connexités. En 4-connexités chaque pixel a 4 voisins. En 8-connexités, le centre a 8 voisins. Une particularité de la 4-connexités est que tous les voisins du point central sont situés à égale distance de ce dernier, ce qui n'est pas le cas en 8-connexités, dont les voisins situés sur les directions verticales et horizontales sont à une distance unité du centre, tandis que les voisins dans les directions diagonales sont à une distance de racine de deux du point central.

***Les coordonnées du centre de gravité* ' G_x, G_y '**

Le centre de gravité d'un objet au sein d'une image est le barycentre de tous les pixels formant cet objet. Le barycentre est calculé en utilisant la pondération de chaque pixel faisant partie de la forme. Cette pondération est la valeur ligne et colonne du pixel.

On note le centre de gravité par G de coordonnées (G_x, G_y), vérifiant les formules suivantes :

$$G_x = \frac{1}{card(O)} \sum_{a \in A} a \tag{1.5}$$

$$G_y = \frac{1}{card(O)} \sum_{b \in B} b \tag{1.6}$$

Avec :

- Card(O) est l'ensemble des pixels formant l'objet au sein d'une image I.

- A = $\{a/(a,j) \in O, j = 1, \cdots, N\}$ est l'ensemble d'indices de lignes contenant au moins un pixel appartenant à O et N est le nombre de colonne de l'image I.

- B = $\{b/(i,b) \in O, i = 1, \cdots, M\}$ est l'ensemble d'indices de colonnes contenant au moins un pixel appartenant à O et M est le nombre de lignes de l'image I.

Exemple :

Considérant l'image I suivante de taille [5,5], on veut calculer les coordonnées du centre de gravité (G_x, G_y).

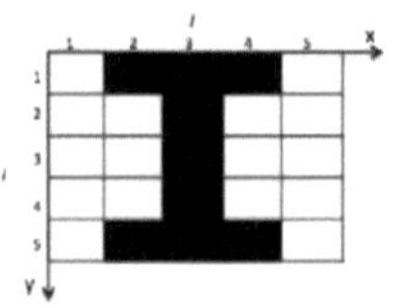

- O= {(1,2), (1,3), (1,4), (2,3), (3,3), (4,3), (5,2), (5,3), (5,4)}.
- Card (O) = 9.

- A = {1,1,1,2,3,4,5,5,5}.
- B = {2,3,4,3,3,3,2,3,4}.
- $G_x = \frac{1+1+1+2+3+4+5+5+5}{9} = 3$ et $G_y = \frac{2+3+4+3+3+3+2+3+4}{9} = 3$

  Donc, le centre de gravité G est de coordonnées (3,3).

Les moments d'inertie '(M_x, M_y, M_{xy})'

Les trois moments d'inertie, en x, en y et en xy liés au centre de gravité renseignent la disposition des pixels formant le caractère au sein de l'image. Ces moments se calculent par les formules suivantes :

$$M_x = \frac{1}{card(O)} \sum_{b \in B} (b - G_x)^2 \tag{1.7}$$

$$M_y = \frac{1}{card(O)} \sum_{a \in A} (a - G_y)^2 \tag{1.8}$$

$$M_{xy} = \frac{1}{card(O)} \sum_{b \in B} \sum_{a \in A} (b - G_x)(a - G_y) \tag{1.9}$$

L'angle d'orientation 'θ'

L'orientation du caractère est calculée par le paramètre angle d'orientation (en radian), exprimé par la formule suivante :

$$\theta = \frac{1}{2} \arctan\left(\frac{2M_{xy}}{M_x - M_y}\right) \tag{1.10}$$

1.3.1.2 Zonage

La méthode de zonage est une méthode d'extraction de primitives statistique qui permet d'extraire des caractéristiques topologiques et locales des formes. Cette méthode est largement utilisée pour la reconnaissance des caractères [IP14, Law15, SAZ15], grâce à sa simplicité.

Le principe de la méthode de zonage consiste à découper horizontalement et verticalement le rectangle englobant le caractère en (m×n) zones de taille égales. Pour chaque zone la densité est calculée en divisant le nombre de pixels représentant le caractère sur le nombre total de pixels de cette zone. Le vecteur attribut obtenu est de m×n composantes, constitué des densités calculées pour chaque zone. La figure 1.13 montre le découpage de la lettre «g» en 12 zones égales.

La méthode de zonage nécessite une phase de prétraitement préalable. Elle consiste à effectuer les opérations suivantes : transformation de l'image couleur en niveaux de gris, binarisation, détourage, normalisation, puis squelettisation. La squelettisation va

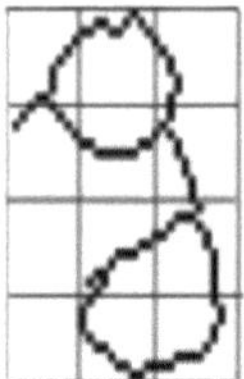

FIGURE 1.13 – Découpage de la lettre «g» en 12 zones.

permettre d'obtenir une épaisseur égale à 1 du trait d'écriture et de se ramener ainsi à une écriture linéaire.

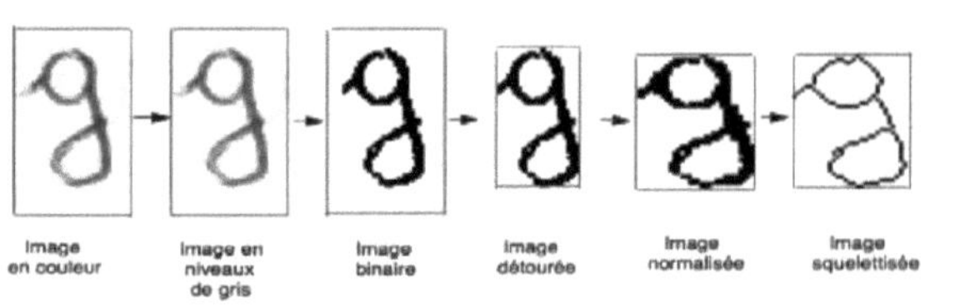

FIGURE 1.14 – Différentes étapes utilisées dans la phase de prétraitement de la lettre «g».

1.3.1.3 Projection de profil

La méthode de projection de profil [KJS14] est une méthode statistique qui consiste à calculer le nombre de pixels (distance) entre le bord gauche, bas, droit, haut de l'image et le premier pixel noir rencontré sur cette ligne, ou colonne.

Le vecteur attribut est défini par la concaténation des différentes distances issues de chaque bord. La dimension du vecteur attribut est deux fois la somme du nombre de lignes et de colonnes associées à l'image représentant le caractère.

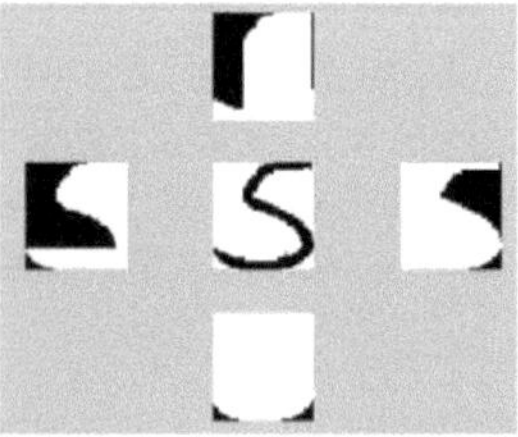

FIGURE 1.15 – Les quatre projections de profil du chiffre «5».

Cette méthode exige une phase de prétraitement (Figure 1.16) qui consiste à transformer en niveaux de gris l'image en couleur, binariser l'image en utilisant l'approche à seuillage global qui consiste à prendre un seuil ajustable et identique pour toute l'image, détourer l'image afin de ne garder que la zone utile et normaliser l'image résultante à une taille prédéfinie, pour que tous les traitements portent sur des caractères de même taille.

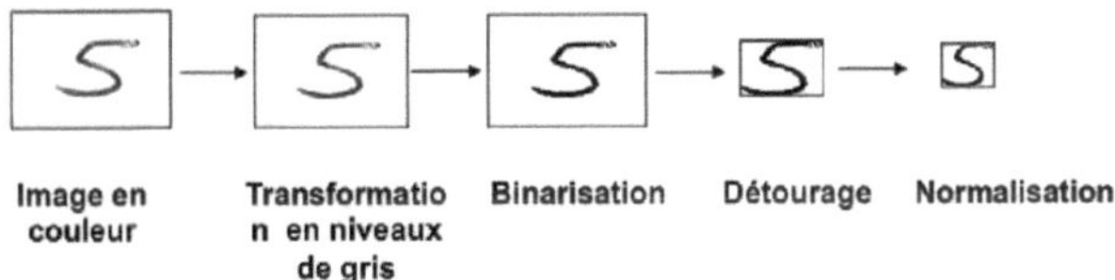

FIGURE 1.16 – Différentes étapes utilisées dans la phase de prétraitement du chiffre «5».

1.3.2 Primitives structurelles

Les primitives structurelles [AH07] représentent les propriétés topologiques et géométriques de la forme. Ces caractéristiques sont extraites à partir de la représentation de la forme par son contour et non de l'image brute du caractère [Amr12]. Parmi les techniques qui appartiennent à la famille des méthodes structurelles, on présente dans cette section la méthode de chaînage Freeman et la méthode d'histogramme de gradient orienté (HOG) utilisées pour la reconnaissance des caractères imprimés et manuscrits.

1.3.2.1 Codage de Freeman

Le code de Freeman est une technique très utile pour représenter le contour d'un objet sur l'image [IKJ+14, JZ09, AN14]. Elle consiste à décrire le contour d'une forme en indiquant les directions des pixels voisins immédiats. Les directions peuvent se représenter en 4-connexités ou en 8-connexités.(Figure 1.17)

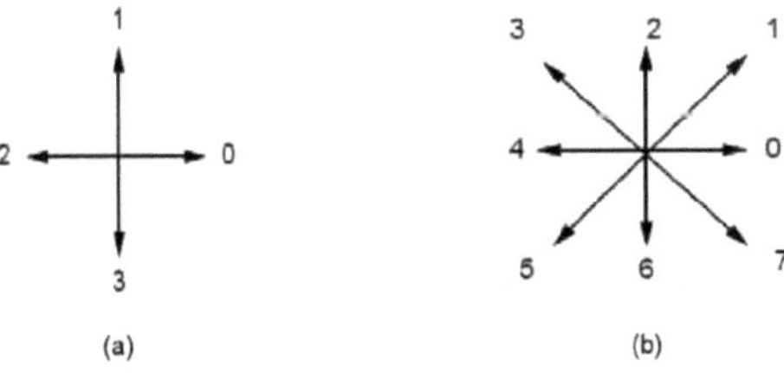

FIGURE 1.17 – Les codes de Freeman en 4-connexités (a) et en 8-connexités (b).

Le code de Freeman a été introduit en 1974 [Fre74], il a pour but de coder le contour d'un objet par une information absolue correspondant aux coordonnées d'un point de départ, et par une chaîne de codants donnant la position relative du point suivant du contour de l'objet selon une des représentations présentées (4 ou 8 directions) [Tro08]. On code alors le changement de direction qui permet de passer d'un pixel du contour à son voisin immédiat. On réitère cette opération jusqu'à revenir au point de départ. Soit l'exemple suivant, on désire obtenir le code de Freeman de la forme considéré.

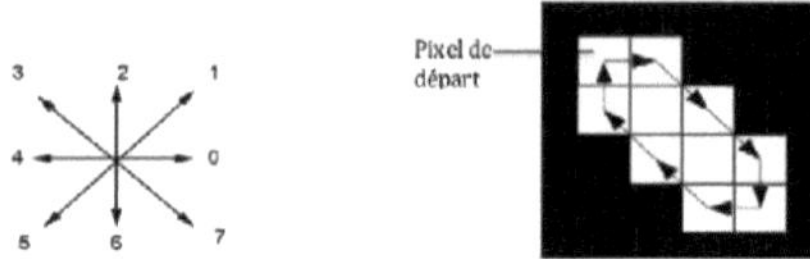

D'abord, on sélectionne un point de départ, qui est généralement le premier pixel rencontré par balayage et on mémorise ses coordonnées. Ensuite, on cherche son plus proche voisin au sens du voisinage à 8 connexités et on réitère cette opération jusqu'à revenir au point de départ. Cet exemple donne la chaîne suivante "07764332". En utilisant les 8 directions, le codant 0 signifie que le pixel suivant du contour de l'objet se situe à droite du pixel courant, et le codant 7 désigne que le pixel suivant est en bas à droite du pixel courant et ainsi de suite.

1.3.2.2 Histogramme de gradients orientés

La méthode d'histogramme de gradient orienté, appelée aussi descripteurs HOG (Histogram of Oriented Gradient en anglais), proposée par Navneet Dalal et Bill Triggs [DT05] sont des descripteurs de caractéristiques utilisés en traitement d'images et en vision par ordinateur pour la détection d'objets [BRS+14]. Cette technique s'est montrée particulièrement efficace pour la détection de personnes [MLD12, DTS06, BDNR15].

Le principe de cette méthode [Yil12] repose sur le calcul du gradient qui est un descripteur pertinent pour décrire localement l'environnement d'un pixel. L'image de l'objet à caractériser est découpée en plusieurs cellules pour lesquelles on comptabilise les occurrences de l'orientation du gradient dans un histogramme. Ensuite, pour une meilleure résistance aux changements d'illuminations, une normalisation est effectuée sur une unité regroupant plusieurs cellules, appelée bloc. La combinaison des histogrammes forme alors le descripteur HOG. La figure 1.18 illustre les différents éléments du descripteur HOG. Les étapes de construction du descripteur HOG de l'image d'objet I sont les suivantes :

- ***Calcul du gradient :***

La première étape de la méthode est le calcul du gradient pour chaque pixel. Elle

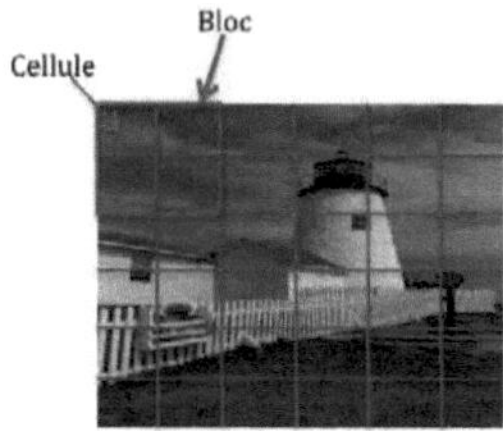

FIGURE 1.18 – Eléments du descripteur HOG

consiste à appliquer un filtre dérivatif centré, dans les directions horizontales et verticales. Les masques utilisés sont les suivants :

$$D_x = \begin{bmatrix} -1 & 0 & 1 \end{bmatrix} \qquad D_y = \begin{bmatrix} 1 \\ 0 \\ 1 \end{bmatrix}$$

Etant donné une image I, on calcule les dérivées x et y en utilisant les opérations de convolution :

$$I_x = I \times D_x \qquad \text{et} \qquad I_y = I \times D_y$$

Ensuite la magnitude et l'angle d'orientation θ du gradient de chaque pixel sont calculés :

$$Magnitude = \sqrt{{I_x}^2 + {I_y}^2}$$

$$\theta = \tan^{-1} \frac{I_y}{I_x} \tag{1.11}$$

- ***Construction d'histogramme :***

Avant de procéder à la seconde étape de la création des histogrammes de l'orientation des gradients, l'image de l'objet à caractériser doit être divisée en cellules de tailles identiques (par exemple 4×4 ou 8×8 pixels). Chaque pixel d'une cellule vote pour une classe de l'histogramme, en fonction de l'orientation du gradient à ce point. Les histogrammes sont uniformes de 0° à 180°. La figure 1.19 illustre la quantification d'histogramme de l'image d'objet I. Chaque histogramme contient 9 classes réparties selon l'orientation du gradient.

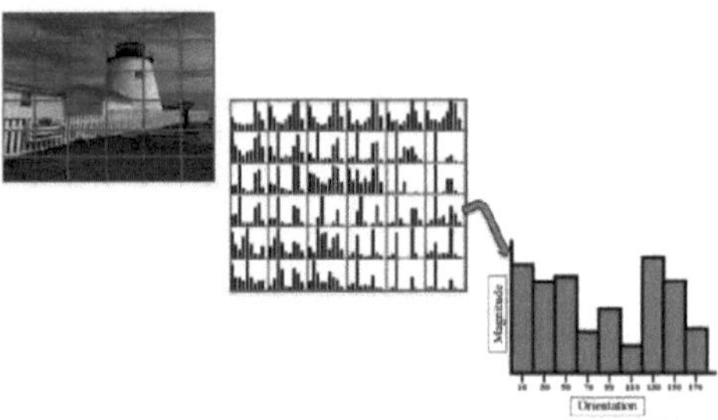

FIGURE 1.19 – Quantification de l'histogramme de gradient orienté

- ***Formation et normalisation des blocs :***
  Un bloc, de forme rectangulaire, est l'unité regroupant plusieurs cellules (par exemple 2×2 ou 3×3 cellules). Deux blocs adjacents se chevauchent et des cellules participent plusieurs fois au descripteur final comme membre de différents blocs. La phase de normalisation des descripteurs est effectuée au niveau des blocs. Les méthodes de normalisation des blocs les plus utilisées sont L1-norme et L2-norme définies par :
  L1-norme :

$$f = \frac{v}{(\|v\|_1 + c)}$$

  L2-norme :

$$f = \frac{v}{(\|v\|_2^2 + c^2)}$$

  Avec :
  v le vecteur non normalisé contenant tous les histogrammes dans un bloc donné ; et
  c une constante de valeur définie.

Ainsi, le descripteur HOG final résulte de la concaténation de l'ensemble des histogrammes calculés dans les différents blocs.

D'après [Yil12], l'étape de prétraitement effectuée avant le calcul du gradient s'est avérée non nécessaire pour la détection des personnes. Cependant, dans notre étude relative à la reconnaissance des caractères, l'étape de prétraitement s'est avérée nécessaire et a amélioré considérablement la classification. Cette dernière consiste en une transformation en niveaux de gris l'image en couleur, binarisation et détourage.

1.3.3 Primitives statistiques vs primitives structurelles

L'objectif principal et commun des deux types de primitives, statistiques et structurelles, consiste à extraire des caractéristiques permettant de décrire de façon non équivoque les formes appartenant à une même classe de caractères tout en les différenciant des autres classes [Med15]. Les primitives statistiques sont dérivées de la distribution des pixels de l'objet tandis que les primitives structurelles sont extraites à partir de la représentation de la forme de l'objet et sont connus par leur robustesse et faible sensibilité vis à vis aux différentes distorsions [KKN14, LNSF04, KB14].

Le processus d'identification de la meilleure méthode d'extraction de primitives ou le choix d'une méthode parmi autres n'est pas évident et n'est pas toujours trivial. Il est cependant nécessaire d'effectuer pour chaque problème de reconnaissance une évaluation expérimentale de quelques méthodes d'extraction de primitives les plus prometteuses à obtenir la bonne performance du système de reconnaissance[Sou16, HG15].

Néanmoins, il est possible d'utiliser des primitives hybrides qui combinent plusieurs méthodes d'extraction afin de combler les faiblesses de l'une par l'autre et donc avoir une meilleure description de la forme à décrire [KJSJ18].

1.4 Conclusion

Ce chapitre décrit un ensemble de techniques contribuant à la reconnaissance des caractères. En premier lieu, nous avons présenté plusieurs méthodes de prétraitement dont l'objectif est d'améliorer l'apparence des images acquises et de consolider le système de classification. En deuxième lieu, nous avons abordé la phase d'extraction des primitives qui consiste à représenter l'image de l'objet par un vecteur de caractéristiques. Dans ce cadre, nous avons présenté quelques techniques des deux approches d'extraction de primitives, statistiques et structurelles, utilisées dans nos contributions.

Nous nous intéressons dans le chapitre suivant à la classification qui constitue la dernière phase du système de reconnaissance. Nous présentons les techniques de classification supervisée les plus utilisées, telles que, k plus proches voisins, Fuzzy min max, et les réseaux de neurones.

Chapitre 2

Classification des données

Dans ce chapitre, nous commençons par introduire quelques concepts relatifs aux différentes approches de la classification. Nous présentons par la suite trois différentes techniques de classification utilisées dans nos contributions. D'abord, la méthode k plus proches voisins, ensuite la méthode Fuzzy min max et finalement la classification par réseaux de neurones où une attention particulière est donnée au perceptron multicouches.

2.1 Introduction

La classification de données est un axe de l'intelligence artificielle fortement intéressant et attirant. C'est une méthode d'analyse des données qui vise à regrouper en classes homogènes un ensemble d'observations. Ces dernières décennies, les besoins d'analyse de données et en particulier de classification ont fait l'objet de recherches massives et d'un intérêt grandissant dû principalement au besoin de nombreux domaines scientifiques à catégoriser leurs données dans un but descriptif ou décisionnel [Nas07, Bou06].

Dans le processus complet d'un système de reconnaissance de formes, la classification joue un rôle important en se prononçant sur l'appartenance d'une forme à une classe donnée de telle sorte que les objets au sein de même classe sont très similaires entre eux que des objets appartenant à des classes différentes. La majorité des modèles de classification passe par deux phases ; phase d'apprentissage et phase de test.

La phase d'apprentissage se préoccupe de l'élaboration des classes à partir d'un ensemble d'objets. Il existe deux types d'apprentissage : apprentissage supervisé et apprentissage non supervisé.

En apprentissage supervisé, un échantillon représentatif de l'ensemble des formes à reconnaître est fourni au module d'apprentissage. Chaque forme est étiquetée par une étiquette qui permet d'indiquer au module d'apprentissage la classe dans laquelle la forme doit être rangée. Cette phase d'apprentissage consiste à analyser les ressemblances entre les éléments d'une même classe et les dissemblances entre les éléments de classes différentes pour en déduire la meilleure partition de l'espace des représentations. Les paramètres décrivant cette partition sont stockés dans une table d'apprentissage à laquelle le module de décision se réfèrera ensuite pour classer les formes qui lui sont présentées.

Dans le cas de l'apprentissage non supervisé, on fournit au système de reconnaissance un grand nombre de formes non étiquetées. L'étape de la classification se charge d'identifier automatiquement les formes appartenant à une même classe.

Dans le domaine de la reconnaissance de l'écriture, ce sont les méthodes basées sur un apprentissage supervisé qui sont le plus souvent utilisées ; et plus particulièrement pour les caractères manuscrits isolés car leurs classes sont connues et en nombre limité.

La phase de test est une phase importante et cruciale qui consiste à évaluer la performance du classifieur en appliquant les règles de classification utilisées dans la phase d'apprentissage pour classer un nouvel objet. C'est une étape importante car elle peut mettre en cause le choix des primitives ou le choix de la méthode d'apprentissage. En effet, il est difficile de trouver a priori les primitives pertinentes et la méthode d'apprentissage la plus adaptée au problème posé d'où l'utilité de procéder par itérations successives. Ces itérations consistent à extraire des primitives jugées utiles au problème de reconnaissance à résoudre et de tester la performance du système avec cet ensemble de primitives. Au fur et à mesure que les performances du système souhaitées ne sont pas atteintes, on est amené à modifier les paramètres en phase de prétraitement ou à trouver à nouveau une nouvelle famille de primitives ou de combiner les primitives extraites avec de nouvelles primitives.

Pour construire un classifieur, plusieurs approches existent [Aug13] : hiérarchiques, non hiérarchiques ou de partitionnement, basées sur la densité, sur la grille, etc.

Les méthodes hiérarchiques [Laz08] sont des méthodes de classification non supervisées, qui n'exigent pas une reconnaissance a priori de nombre de classes. Elles ont pour but de regrouper les individus proches en un certain nombre de classes d'une façon hiérarchique. Il existe deux types de classification hiérarchiques, ascendante (CHA) et descendante (CHD).

- La CHA permet de construire une hiérarchie entière des objets sous la forme d'un arbre dans un ordre ascendant. Au début, on considère chaque individu comme étant une classe, puis on essaye de fusionner deux ou plusieurs classes selon une mesure de similarité pour former de nouvelle classe.

- La CHD, contrairement à la CHA, construit sa hiérarchie dans le sens inverse. On considère tous les individus comme une seule classe au début, puis on divise successivement les classes en classes plus raffinées. Le processus marche jusqu'à ce qu'on atteint le nombre désiré de classes.

La classification par les méthodes hiérarchiques n'exige pas une connaissance a priori du nombre de classes, et elles sont capables de trouver des classes de formes variables. Cependant, elles sont très coûteuses en temps de calcul et d'une complexité algorithmique élevée.

Contrairement aux méthodes de classification hiérarchiques qui construisent les classes progressivement, les méthodes de partitionnement construisent directement une partition de l'ensemble d'individus en un nombre connu de classes. Ces algorithmes recherchent des maximums locaux en optimisant une fonction objectif (distance) qui traduit que les objets doivent être similaires au sein d'une même classe, et dissimilaires d'une classe à une autre. Parmi les méthodes les plus utilisées, on cite :

- k plus proches voisins (kPPV)
- C-Moyennes
- Machines à support de vecteurs (SVM)
- Réseaux de neurones artificiels (RNA)

Le choix d'une approche de classification par rapport à d'autres est très délicat. Il dépend fortement de l'application, la nature des données et les ressources disponibles.

Dans cette thèse, on s'est intéressé aux méthodes les plus utilisées, qui sont les non hiérarchiques pour leur rapidité de traitement des données de grande taille et leur simplicité d'exécution [SJ01, MHC+16].

2.2 K Plus Proches Voisins

2.2.1 Définition

La méthode des k plus proches voisins a été proposée en 1967 par Cover [CH67], elle a reçu une attention considérable dans de nombreux domaines notamment dans la reconnaissance de formes en raison de sa simplicité conceptuelle, élégance théorique et de sa robustesse [BVC14]. La méthode kPPV est basée sur le fait que seulement le voisinage influe sur la décision de classification.

Cette méthode est simple et facile à programmer en comparaison avec le réseau de neurones et machines à support de vecteurs. Il suffit de disposer d'une base d'apprentissage et d'une métrique de proximité. En contrepartie, elle nécessite une mémoire élevée pour stocker les données et les examiner.

2.2.2 Principe

Cette méthode consiste, étant donne un point $x \in R^n$ représentant le caractère à reconnaitre, à determiner la classe de chacun des k points les plus proches de x parmi l'ensemble des caractères d'apprentissage. La valeur de k a une grande influence sur le résultat de classification. Lorsque l'on fait évoluer celui-ci, on se rend compte que les résultats du classifieur ne sont pas les mêmes.

- plus k est grand, moins le classifieur est sensible au bruit, il n'y a pas de problème de suréchantillonage ;
- à l'inverse, plus k est petit, on aura un meilleur affinage si il y'a peu de différences entre les échantillons.

Ce paramètre est aussi choisi en fonction de la taille de la base d'apprentissage. Si la base est importante, on choisit k grand, alors qu'à l'inverse on prend k petit. L'algorithme de kPPV renvoie les k formes les plus proches de la forme à reconnaître suivant un critère de similarité. La stratégie de décision permet d'affecter des valeurs de confiance à chacune des classes en compétition et d'attribuer la classe la plus majoritaire, vraisemblable (au sens de la métrique choisie) à la forme inconnue. Dans sa version initiale, le critère de similarité entre deux formes est basé sur la distance euclidienne mais on trouve aussi autres métriques qui peuvent être utilisées à savoir, la distance Manhattan, Tchebychev et Mahanalobis définies par :

Distance Euclidienne :

$$d(x,y) = \sqrt{\sum_{i=1}^{n} (x_i - y_i)^2} \tag{2.1}$$

Distance Manhattan :

$$d(x,y) = \sum_{i=1}^{n} |x_i - y_i| \tag{2.2}$$

Distance Tchebycev :

$$d(x,y) = \max\{|x_i - y_i|\} \qquad i = 1, \cdots, n \tag{2.3}$$

L'algorithme 1 montre les différentes étapes de l'algorithme des K plus proches voisins.

Algorithme 1 Kppv

Début :

Soit $L = \{(x', c)/x' \in, \mathbb{R}^N, c = 1, 2, \cdots, C\}$ l'ensemble d'apprentissage.

Soit x l'exemple dont on souhaite déterminer sa classe.

1. **Pour chaque** objet x' de l'ensemble L
   - Calculer la distance entre l'objet x et l'objet x', $d(x, x')$.
   - Classer les différentes distances d'une façon croissante.

   Fin
2. **Pour tout** $\{x' \in kPPV(x)\}$ faire :
   Identifier la classe la plus fréquente.
   Fin
3. Attribuer à x la classe identifiée

Fin

2.2.3 Exemple

Considérant un ensemble d'objets représentés dans un espace d'attributs $\mathbb{R}^2$. x est un objet test. D'après la figure 2.1, pour k=5, x appartient à la classe 1.

La méthode des kPPV présente l'avantage d'être facile à mettre en œuvre et sa capacité de traiter des problèmes avec un grand nombre d'attributs. Son principal inconvénient est lié à l'espace élevé de stockage dû au nombre important des distances à calculer [EM13].

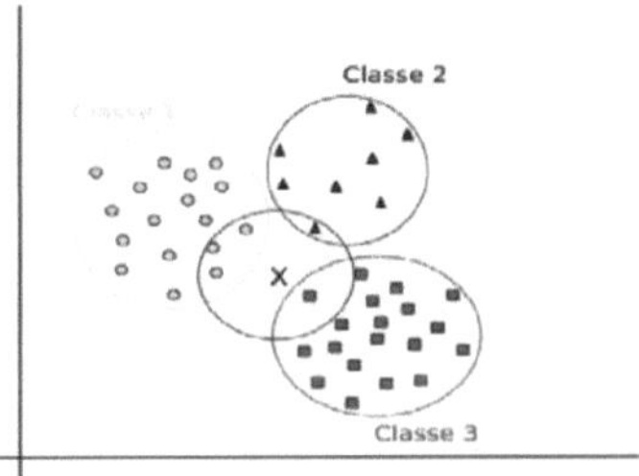

FIGURE 2.1 – Exemple de classement de l'élément x en utilisant les 5PPV.

2.3 Fuzzy Min Max Classification

2.3.1 Principe

La méthode Fuzzy Min Max Classification (FMMC) est une méthode de classification supervisée introduite par Simpson en 1993 [Sim93]. Le réseau fuzzy min max est construit en créant, de façon itérative, un ensemble de prototypes flou hypercubiques. Chaque prototype hybercubique ou hypercube est définit par un point minimal, un point maximal et par une fonction d'appartenance. Le processus d'apprentissage de cette méthode comprend trois phases primordiales; l'expansion, le test de chevauchement et la contraction; qui affinent les hypercubes dans le réseau pour établir des limites entre les différentes classes. Les trois phases sont contrôlées par deux paramètres, la sensibilité γ et le seuil de vigilance θ [EM13].

2.3.2 Architecture du réseau FMMC

La méthode FMMC est dotée d'une architecture neuronale évolutive de type feedforward en trois couches successives.

- La couche d'entrée, comporte autant de neurones que de composantes dans l'espace de représentation $\mathbb{R}^N$,
- La couche cachée, son nombre de neurones s'évolue en fonction de la création des prototypes P_k,
- La couche de sortie, ayant autant de neurones que le nombre de classes C du problème traité.

Les connexions entre la couche d'entrée et la couche cachée sont pondérées par deux ensembles de poids V et W, représentant les caractéristiques des différents prototypes. Les connexions entre la couche de sortie et la couche cachée sont pondérées par la matrice Z représentant l'appartenance de prototype créé aux différentes classes. La figure 2.2 illustre l'architecture neuronale du réseau FMMC.

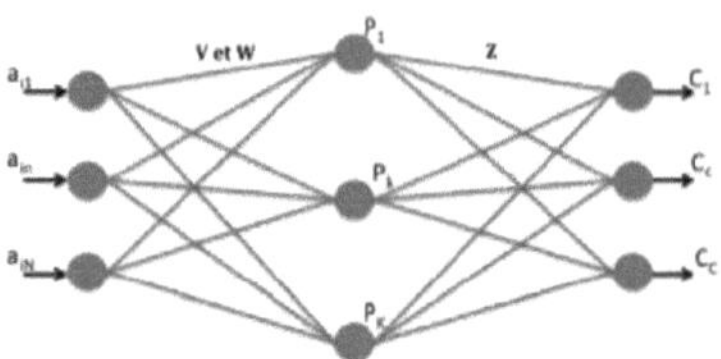

FIGURE 2.2 – Architecture neuronale du réseau FMMC.

2.3.3 Prototype hypercubique

2.3.3.1 Définition

La construction d'un hypercube de dimension n se fait par la translation d'un cube de dimension $n-1$ selon un axe perpendiculaire. Ci-dessous un exemple d'hypercube de dimension 3.

Hypercube de dimension 3 :

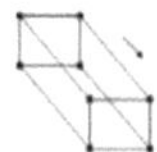

2.3.3.2 Caractéristiques d'un prototype hypercubique

a- Point min et Point max

Considérons un ensemble de M objets $(I_1, I_2, \cdots, I_i, \cdots, I_M)$ caractérisés par N paramètres regroupés sous la forme d'un vecteur ligne $V = (a_1 a_2 \cdots a_j \cdots a_N)$.

Soit $R_i = (a_{ij})_{1 \leq j \leq N}$ un vecteur ligne de $\mathbb{R}^N$ dont la $j^{ème}$ composante a_{ij} est la valeur prise par l'attribut a_j sur l'objet I_i. R_i est l'observation associée à l'objet I_i, $\mathbb{R}^N$ est l'espace d'observations ou l'espace des paramètres, chaque observation appartient à une classe $(CL_s)_{1 \leq s \leq C}$.

La méthode FMMC est construite en utilisant l'ensemble de prototypes flou hypercubiques. Un hypercube P_k est caractérisé par un ensemble de paramètres :

$$P_k = \{I_i, V_k, W_k, b_k(I_i)\}$$

Avec :
$I_i = \{a_{i1}, a_{i2}, \cdots, a_{iN}\}$ est l'objet d'entrée, avec, $i = (1, 2, \cdots, M)$.
$V_k = (v_{k1}, v_{k2}, \cdots, v_{kN})$ est le point minimal de l'hypercube P_k.
$W_k = (w_{k1}, w_{k2}, \cdots, w_{kN})$ est le point maximal de l'hypercube P_k.
$b_k(I_i)$ est une fonction d'appartenance de I_i à l'hypercube P_k.

Le point minimal V_k d'un hypercube P_k est défini comme étant un point ayant la plus faible valeur pour chaque composante parmi tous les points contenant dans cet hypercube. Tandis que le point maximal W_k d'un hypercube P_k est défini comme étant un point ayant la plus grande valeur pour chaque composante parmi tous les points contenant dans cet hypercube.

$$V_k = (\min(a_{i1}), \min(a_{i2}), \cdots, \min(a_{iN})) \tag{2.4}$$

$$W_k = (\max(a_{i1}), \max(a_{i2}), \cdots, \max(a_{iN})) \tag{2.5}$$

Exemple :

Soit $A(2,1)$ et $B(1,3)$ deux points dans l'espace $\mathbb{R}^2$, les deux points forment un prototype P_k dans $\mathbb{R}^2$.

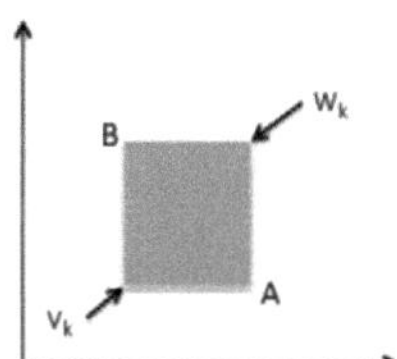

FIGURE 2.3 – Points min V_k et point max W_k du prototype hypercubique P_k dans l'espace $\mathbb{R}^2$.

Le point minimal de ce prototype est $V = (1,1)$ et le point maximal est $W = (2,3)$ (Voir la figure 2.3)

b- Fonction d'appartenance

La fonction d'appartenance $b_k(I_i)$ joue un rôle crucial dans la méthode FMMC. Elle mesure le degré d'appartenance d'un objet I_i à un hypercube P_k, formé par le point min V_k et le point max W_k.

La fonction d'appartenance $b_k(I_i)$ est comprise entre 0.5 et 1. Elle est égale à 1 si l'objet I_i se trouve à l'intérieur de l'hypercube P_k et elle s'approche de 0.5 lorsque l'objet

I_i s'éloigne largement de l'hypercube P_k. Elle s'écrit sous la forme suivante :

$$b_k(I_i) = \frac{1}{2N}\sum_{j=1}^{N}[max(0,1-max(0,\gamma min(1,a_{ij}-w_{kj})))+$$

$$max(0,1-max(0,\gamma min(1,v_{kj}-a_{ij})))] \tag{2.6}$$

Avec :
$I_i = \{a_{i1}, a_{i2}, \cdots, a_{iN}\}$ est le $i^{éme}$ objet d'entrée parmi les M objets initiaux.
$V_k = (v_{k1}, v_{k2}, \cdots, v_{kN})$ est le point minimal de l'hypercube P_k.
$W_k = (w_{k1}, w_{k2}, \cdots, w_{kN})$ est le point maximal de l'hypercube P_k.
γ est un paramètre de sensibilité.

c- Sensibilité γ

γ est le paramètre de sensibilité qui contrôle le décroissement de la fonction d'appartenance $b_k(I_i)$ de l'objet I_i à l'hypercube P_k. Plus γ diminue et tend vers 0, l'objet I_i a beaucoup de chance d'appartenir au prototype hypercubique P_k(Critère flou). Plus γ augmente et devient largement plus grand que 1, l'objet I_i a moins de chance d'appartenir à P_k (Critère dur).

d- Seuil de vigilance θ

θ est un paramètre compris entre 0 et 1, qui contrôle la taille de l'hypercube. Une plus petite taille de l'hypercube signifie que l'hypercube ne peut contenir qu'un petit nombre de motifs, ce qui augmentera la complexité du réseau, mais donne encore une grande précision. Une plus grande taille de l'hypercube signifie que l'hypercube peut contenir un plus grand nombre de modèles, et peut diminuer la complexité du réseau, mais en contrepartie cela peut conduire à une faible précision de classification.

2.3.4 Apprentissage

Soit E l'ensemble d'apprentissage, donné par :

$$E = \{(I_i, CL_s)/i = (1,2,\cdots,M)\ ,\ s = (1,2,\cdots,C)\}$$

I_i est le $i^{éme}$ objet d'entrée.
CL_s est la classe de l'objet I_i.
C est le nombre de classes du problème à traiter.

Le processus d'apprentissage consiste à sélectionner un couple (I_i, CL_s) de l'ensemble E et de trouver l'hypercube auquel doit appartenir l'objet I_i. Cet hypercube est choisi parmi l'ensemble des hypercubes déjà formés et ayant la classe qui est celle de l'objet I_i. L'hypercube choisi est celui qui confère à l'objet I_i le degré d'appartenance maximal. A ce niveau, trois opérations sont présentes ; l'expansion, test de chevauchement et contraction.

2.3.4.1 Expansion

Soit (I_1, CL_{s1}) le premier couple d'entrée de l'ensemble d'apprentissage E, $I_1 = \{a_{11}, a_{12}, \cdots, a_{1N}\}$, donc le 1er hypercube P_1 est formé à partir du couple $(V_1\ W_1)$, avec : $V_1 = W_1 = I_1$, ce qui traduit la création du premier neurone dans la couche cachée.

1- Présenter l'objet suivant au réseau (I_2, CL_{s2}).

a1 : Si l'objet I_2 présente la même classe que l'hypercube P_1, $s1 = s2$.

- Le prototype P_1 sera ajusté et sera caractérisé par un nouveau couple de points $(V_1^*\ W_1^*)$, avec :

$$v_{1j}^* = min(a_{2j}, v_{1j}) \tag{2.7}$$

Et

$$w_{1j}^* = max(a_{2j}, w_{1j}) \tag{2.8}$$

Avec $j = 1, 2, \cdots, N$.

- Vérifier la contrainte d'expansion :

$$\theta \geq \frac{1}{N} \sum_{j=1}^{N} (w_{1j}^* - v_{1j}^*) \tag{2.9}$$

Si la contrainte d'expansion n'est pas vérifiée, un nouveau neurone caché sera ajouté au réseau, qui traduit la création de prototype hypercubique P_2 de classe CL_{s2}, caractérisé par le couple de point (V_2, W_2), avec :

$$V_2 = W_2 = I_2 \tag{2.10}$$

Si la contrainte est vérifiée, le prototype P_1 est préservé et sera caractérisé par le couple de points (V_1^*, W_1^*), vérifiant les formules 2.7 et 2.8.

b1 : Si l'objet I_2 ne présente pas la même classe que le 1er hypercube P_1, $s1 \neq s2$.

- Un nouveau neurone caché sera ajouté au réseau, qui traduit la création de prototype hypercubique P_2 de classe CL_{s2}, caractérisé par le couple de point (V_2, W_2), vérifiant la formule 2.10.

2. Passer à l'objet suivant (I_k, CL_{sk}).
Trouver l'hypercube auquel doit appartenir l'objet I_k. Cet hypercube est choisi parmi l'ensemble des hypercubes déjà formés et ayant la classe CL_{sk} qui est celle de l'objet I_k.

a2 : S'il existe des hypercubes ayant la classe CL_{sk}, on choisit parmi ces prototypes, l'hypercube qui confère à l'objet I_k le degré d'appartenance maximal, on l'appelle P_L.

- Le prototype P_L sera ajusté et sera caractérisé par un nouveau couple de points $(V_L^* \ W_L^*)$, avec :

$$v_{Lj}^* = min(a_{kj}, v_{Lj}) \tag{2.11}$$

Et

$$w_{Lj}^* = max(a_{kj}, w_{Lj}) \tag{2.12}$$

Avec $j = 1, 2, \cdots, N$.

- Vérifier la contrainte d'expansion :

$$\theta \geq \frac{1}{N} \sum_{j=1}^{N} (w_{Lj}^* - v_{Lj}^*) \tag{2.13}$$

Si la contrainte d'expansion n'est pas vérifiée, un nouveau neurone caché sera ajouté au réseau, qui traduit la création de prototype hypercubique P_k de classe CL_{sk}, caractérisé par le couple de point (V_k, W_k), avec :

$$V_k = W_k = I_k \tag{2.14}$$

Si la contrainte est vérifiée, le prototype P_L est préservé et sera caractérisé par le couple de points (V_L^*, W_L^*), vérifiant les formules 2.11 et 2.12.

b2 : S'il n'existe aucun hypercube admettant la classe CL_{sk} parmi les hypercubes formés, on procède comme suit :

- Un nouveau neurone caché sera ajouté au réseau, qui traduit la création de prototype hypercubique P_k de classe CL_{sk}, caractérisé par le couple de point (V_k, W_k), vérifiant la formule 2.14.

Á chaque fois qu'un prototype P_k est ajusté de classe CL_{sk}, on cherche parmi l'ensemble des hypercubes déjà formés, les hypercubes ayant des classes différentes qui est celle de prototype P_k. Chaque prototype trouvé P_n de classe Cl_{sn}, avec $sn \neq sk$, on vérifie s'il existe un chevauchement entre P_k et P_n.

2.3.4.2 Chevauchement

Supposant qu'au cours de la phase d'expansion, un prototype P_k est ajusté. Á ce stade, on choisi parmi l'ensemble des hypercubes déjà formés, les hypercubes ayant des classes différentes qui est celle de prototype P_k. Chaque prototype trouvé P_s de classe Cl_{ss}, avec $ss \neq sk$, on vérifie s'il existe un chevauchement entre P_k et P_s. Dans ce cadre, on procède comme suit :
1-Si toutes les composantes $j_{(1 \leq j \leq N)}$ des hypercubes P_k et P_s vérifient un parmi les quatre cas de chevauchement, alors les hypercubes P_k et P_s chevauchent réellement.
2-Si il existe au moins une composante des hypercubes P_k et P_s qui ne vérifie aucun cas des chevauchement, alors les hypercubes P_k et P_s ne chevauchent pas. Les quatre cas de chevauchement sont :

- Cas 1 : $v_{kj} < v_{sj} < w_{kj} < w_{sj}$

$$Overlap = w_{kj} - v_{sj} \tag{2.15}$$

- Cas 2 : $v_{sj} < v_{kj} < w_{sj} < w_{kj}$

$$Overlap = w_{sj} - v_{kj} \tag{2.16}$$

- Cas 3 : $v_{kj} < v_{sj} < w_{sj} < w_{kj}$

$$Overlap = min(w_{sj} - v_{kj}, w_{kj} - v_{sj}) \tag{2.17}$$

- Cas 4 : $v_{sj} < v_{kj} < w_{kj} < w_{sj}$

$$Overlap = min(w_{kj} - v_{sj}, w_{sj} - v_{kj}) \tag{2.18}$$

Overlap est le paramètre de chevauchement.

Dans le cas, où il y a un chevauchement entre les prototypes P_k et P_s, la composante qui représente une faible valeur de paramètre de chevauchement *Overlap*, va subir une contraction. Si au moins une composante ne vérifie aucun cas de chevauchement, l'étape de contraction ne sera pas nécessaire.

2.3.4.3 Contraction

Supposant qu'il y a un chevauchement entre les prototypes P_k et P_s. La composante qui représente une faible valeur de paramètre de chevauchement *Overlap*, sera nommée

Δ. Cette composante va subir une contraction en respectant les cas suivants :

- Cas 1 : $v_{k\Delta} < v_{s\Delta} < w_{k\Delta} < w_{s\Delta}$

$$w_{k\Delta}^{new} = v_{s\Delta}^{new} = \frac{w_{k\Delta} - v_{s\Delta}}{2} \tag{2.19}$$

- Cas 2 : $v_{s\Delta} < v_{k\Delta} < w_{s\Delta} < w_{k\Delta}$

$$w_{s\Delta}^{new} = v_{k\Delta}^{new} = \frac{w_{s\Delta} - v_{k\Delta}}{2} \tag{2.20}$$

- Cas 3 : $v_{k\Delta} < v_{s\Delta} < w_{s\Delta} < w_{k\Delta}$
  1. Si $(w_{s\Delta} - v_{k\Delta}) < (w_{k\Delta} - v_{s\Delta})$, alors :

$$v_{k\Delta}^{new} = w_{s\Delta} \tag{2.21}$$

  2. Si $(w_{s\Delta} - v_{k\Delta}) > (w_{k\Delta} - v_{s\Delta})$, alors :

$$w_{k\Delta}^{new} = v_{s\Delta} \tag{2.22}$$

- Cas 4 : $v_{sj} < v_{kj} < w_{kj} < w_{sj}$
  1. Si $(w_{s\Delta} - v_{k\Delta}) < (w_{k\Delta} - v_{s\Delta})$, alors :

$$w_{s\Delta}^{new} = v_{k\Delta} \tag{2.23}$$

  2. Si $(w_{s\Delta} - v_{k\Delta}) > (w_{k\Delta} - v_{s\Delta})$, alors :

$$v_{s\Delta}^{new} = w_{k\Delta} \tag{2.24}$$

2.3.4.4 Algorithme FMMC

Après avoir présenté toutes les observations, le processus d'apprentissage est répété, jusqu'à la stabilisation des prototypes. Les différentes étapes de la méthode FMMC sont présentées dans l'algorithme 2.

Algorithme 2 FMMC

1- Initialiser les paramètres γ et θ.
2- Supposant que le premier objet forme le prototype P_1, caractérisé par les points (V_1, W_1), avec : $V_1 = W_1 = I_1$.
3- **Répeter**

- Sélectionner un nouveau objet (I_i, CL_{si}) de l'ensemble D, identifier l'hypercube ayant la classe qui est celle de l'objet I_i, parmi l'ensemble des hypercubes déjà formés. L'hypercube choisi P_k est celui qui confère à l'objet I_i le degré d'appartenance maximal $b_k(I_i)$.
- Si l'hypercube n'est pas trouvé, un nouveau hypercube est formé est sera ajouté au réseau de neurones.
- Si l'hypercube est trouvé, on procède comme suit :
  ⋆ Ajuster le prototype P_k, l'hypercube ajusté P_k^* sera caractérisé par un couple de points, (V_k^*, W_k^*), avec :

$$v_{kj}^* = min(a_{ij}, v_{kj}) \tag{2.25}$$

  Et

$$w_{kj}^* = max(a_{ij}, w_{kj}) \tag{2.26}$$

  ⋆ Calculer la taille T de l'ypercube P_k^*, elle est définie par :

$$T = \frac{\sum_{j=1}^{N}(w_{kj}^* - v_{kj}^*)}{N} \tag{2.27}$$

  ⋆ Si $T \geq \theta$, un nouveau hypercube est crée.
  ⋆ Si $T \leq \theta$, L'hypercube P_k^* est préservé. Dans ce stade, on vérifie s'il y a un chevauchement entre l'hypercube P_k^* et les hypercubes présentant des classes différentes que la classe de P_k^*.
  ⋆ Si un chevauchement entre deux hypercubes de différentes classes est détecté, une phase de contraction doit être effectuée.

jusqu'à la stabilisation des hypercubes.

2.3.5 Exemple d'application

Dans cet exemple, on étudie l'effet des deux paramètres θ et γ sur la performance de l'algorithme FMMC et sur le taux d'erreur de la classification d'une expérimentation réalisée sur une base de chiffres scindée en deux parties, 400 objets sont utilisés pour la phase de l'apprentissage, et 200 objets sont reservés pour le test.
Le tableau 2.1 montre l'effet de γ sur le taux d'erreur de classification.

TABLE 2.1 – Effet du γ sur le taux d'erreur.

γ	Nombre d'objets mal classés	Taux d'erreur (%)
0.4	5	2.5
0.5	6	3
3	14	7
10	17	8.5

Nous constatons que lorsque γ augmente, le taux d'erreur augmente aussi. On va étudier maintenant l'effet de θ sur le taux d'erreur de classification. Le tableau 2.2 illustre cet effet, avec $\gamma = 0.4$.

TABLE 2.2 – Effet de θ sur le taux d'erreur.

θ	Nombre de prototypes	Taux d'erreur (%)
0.04	399	3
0.3	388	2.5
0.4	371	2.5
0.5	357	5
0.6	344	8.5
0.8	341	10.5

Nous remarquons que lorsque le paramètre θ diminue, le taux d'erreur de classification diminue aussi, il atteint 2.5%. En effet, lorsque θ diminue, le nombre de prototype créé augmente et l'hypercube ne peut contenir qu'un petit nombre d'objets et de ce fait on a une bonne precision de classification. Une plus grande valeur de θ conduit à un taux d'erreur plus élevé provoqué par le nombre réduit des prototypes hypercubiques.

2.4 Réseaux de neurones

2.4.1 Introduction

Les réseaux de neurones font parti de l'intelligence artificielle, branche de l'informatique fondamentale développée avec pour objectif la simulation des comportements du cerveau humain [Mer16]. Les réseaux de neurones biologiques réalisent facilement un certain nombre d'applications telles que la reconnaissance de formes, l'apprentissage par l'exemple, la mémorisation, la généralisation et autres [Ren94a, Rip07, Sch15]. C'est à partir de l'hypothèse que le comportement intelligent émerge de la structure et du comportement des éléments de base du cerveau que les réseaux de neurones artificiels (RNA) se sont développés.

Un réseau de neurones artificiel est un système composé d'un ensemble d'unités de calcul simples (par analogie avec la biologie ces unités sont appelées neurones) interconnectées selon une architecture prédéfinie. Les connexions entres les neurones sont pondérées par des poids synaptiques. Ces derniers sont les paramètres libres du réseau et sont déterminés grâce à une procédure de traitement séquentielle appelée règle d'apprentissage. Cette règle d'apprentissage spécifie les poids initiaux et indique comment les poids doivent être évolués pour que le réseau apprenne à s'adapter à un certain environnement [BBH07].

Les RNA peuvent être classifiés selon l'acheminement de l'information et leurs architectures ou topologies, en deux grandes classes principales :

- Les réseaux bouclés ou récurrents dont le graphe des connexions est cyclique, c.-à-d. lorsqu'on se déplace dans le réseau en suivant le sens des connexions, il est possible de trouver au moins un chemin qui revient au point de départ. Parmi ces réseaux, on cite le réseau de Hopfield et réseau de Kohonen.
- les réseaux de neurones non bouclés ou à propagation directe dont le graphe du réseau est acyclique, sans retour en arrière : c.-à-d. si l'on se déplace dans le réseau, à partir d'un neurone quelconque, en suivant les connexions, on ne peut pas revenir au neurone de départ. Divers réseaux de neurones non bouclés existent en littérature, par exemple ; les réseaux sans couches cachées (Perceptron), les réseaux à fonction de base radiale et le perceptron multicouches. Dans le cadre de notre thèse, nous nous sommes limités à l'utilisation des perceptrons multicouches, du fait de leurs facilités de mise en œuvre et leurs bonnes performances en classification et reconnaissance de données [Men08].

Pour chacun de ces types de réseaux, il existe des méthodes ou des algorithmes d'apprentissage avec lesquelles le réseau apprend au mieux la tâche qui lui est affectée. L'apprentissage peut être supervisé ou non supervisé.

- En cas du supervisé, l'apprentissage s'effectue sous un contrôle c'est à dire on fixe le comportement désiré du réseau (connaissance a priori des valeurs de la sortie désirée du réseau en fonction des entrées correspondantes). Cet apprentissage s'effectue grâce à la minimisation d'une fonction coût, calculée à partir de la sortie désirée et la sortie réelle du réseau de neurones. Dans ce cadre, plusieurs algorithmes itératifs ont été développés, parmi lesquels l'algorithme de rétropropagation du gradient est le plus utilisé et le plus répandu [TM97].
- En cas du non supervisé, le réseau extrait de façon autonome l'information pertinente du flux d'information lui parvenant, il apprend la structure sous-jacente à l'ensemble d'observations sans aucune connaissance a priori de la sortie désirée.

Les domaines d'applications des réseaux de neurones sont multiples [DMS+02] : la biologie moléculaire [ZELG16], prédiction [Val16], classification [KG14], reconnaissance des formes [KA12], le génie logiciel [IMA04], etc.

Dans le cadre de notre thèse, nous avons focalisé notre étude sur l'utilisation du réseau de neurones multicouches, à apprentissage supervisé pour la classification des caractères. Comme les réseaux de neurones artificiels sont largement inspirés de la biologie, il convient d'abord de décrire brièvement le neurone biologique et le neurone formel pour ensuite détailler le fonctionnement du réseau perceptron multicouches (PMC).

2.4.2 Neurone biologique

Un neurone est une cellule nerveuse constituant la base du système nerveux humain. En biologie, le cerveau humain contient un grand nombre de neurones, environ 10^{12} neurones (mille milliards), fortement interconnectés, avec 1000 à 10000 synapses (connexions) par neurone, constituant des réseaux de neurones [BBH07]. La figure 2.4 présente le schéma du neurone biologique.

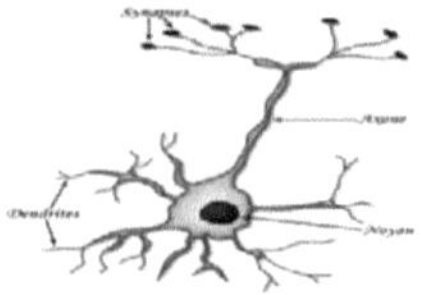

FIGURE 2.4 – Neurone biologique.

Corps cellulaire
Le neurone comprend un corps cellulaire contenant un noyau, centre de contrôle, qui sert à interpréter les informations qui lui parviennent. Il renvoie ensuite le résultat sous forme de signaux électriques, du corps cellulaire vers l'entrée des autres neurones au travers de son axone.

Axone
L'axone relie deux neurones via les synapses en créant une passerelle entre eux. Sa longueur est variable, elle peut atteindre 1 mètre et son diamètre est de seulement 1 à 15 micromètres.

Synapse
Une synapse est une jonction entre deux neurones. Elles reçoivent les informations des autres neurones via l'axone et permettent aux neurones de communiquer entre eux.

Dendrites
Ce sont des fines extensions tubulaires qui se ramifient autour de neurones et forment une vaste arborescence. Ils servent à collecter l'information en provenance des autres neurones et la transmettre au corps cellulaire pour l'analyse.

2.4.3 Neurone formel

2.4.3.1 Modélisation du neurone formel

Les premières notions du neurone formel ont été proposé en 1943 par McCulloch (neurophysiologiste) et Pitts (logicien) [MP43]. Le neurone formel, aussi appelé neurone artificiel, est la modélisation mathématique du neurone biologique utilisé dans le fonctionnement de l'intelligence artificielle. La figure 2.5 suivante illustre la correspondance entre chaque élément biologique et élément artificiel.

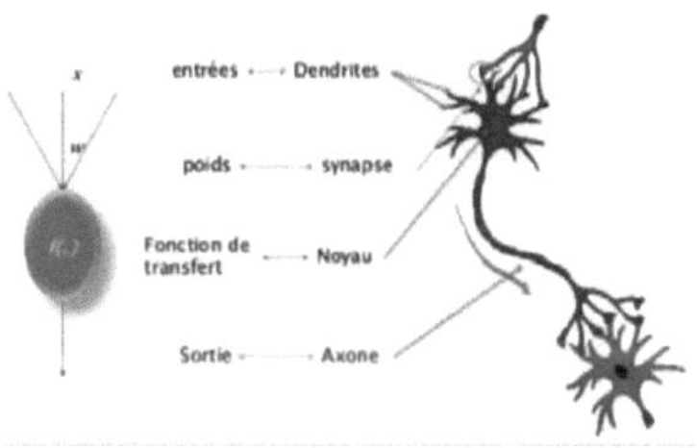

FIGURE 2.5 – Modélisation du neurone formel.

2.4.3.2 Définition et composants du neurone formel

Le neurone formel est un processeur élémentaire qui reçoit l'information provenant d'un nombre variable d'entrées, notées par $(x_1, x_2, \cdots, x_{n1})$, paramétrées par des poids synaptiques $(w_1, w_2, \cdots, w_{n1})$. Les poids sont des valeurs réelles qui déterminent la contribution de chaque entrée.
Ce neurone formel est doté d'une sortie unique qui a pour objectif le calcule de la somme pondérée des valeurs d'entrées et de renvoyer en sortie le résultat de la fonction d'activation, notée φ, de cette somme.
La sortie du neurone formel est définie par :

$$\varphi(\sum_{k=1}^{n_1} w_k x_k) \tag{2.28}$$

La fonction d'activation, ou fonction de transfert, sert à définir l'état interne du neurone. Elle introduit la non linéarité dans son fonctionnement. Parmi les diverses fonctions d'activation utilisées dans la littérature, on cite :

- ***fonction Heaviside :*** Son nom sous Matlab est "hardlim". Elle est définie par :

$$\text{h(x)}=\begin{cases} 1 & \text{si } x > 0 \\ 0 & \text{autrement} \end{cases}$$

- ***fonction Signe :*** Son nom sous Matlab est "hardlims". Elle est définie par :

$$\text{sgn(x)}=\begin{cases}1 & \text{si } x>0\\ -1 & \text{autrement}\end{cases}$$

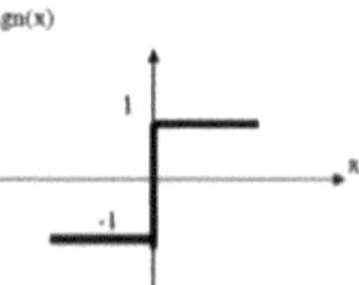

- ***fonction Linéaire :*** Son nom sous Matlab est "purelin". Elle est définie par :

$$f(x)=x$$

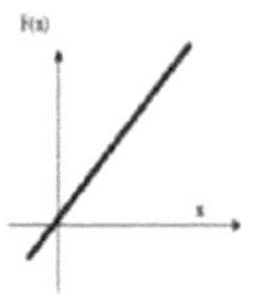

- ***fonction Linéaire à seuil ou multi-seuils :*** Son nom sous Matlab est "satlins". Elle est définie par :

$$\text{F(x)}=\begin{cases}-1 & \text{si } x\leq -1\\ x & \text{si } -1\leq x\leq 1\\ -1 & \text{si } x\geq 1\end{cases}$$

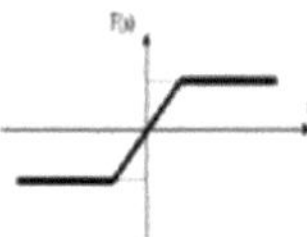

- ***fonction Sigmoïde :*** Son nom sous Matlab est "logsig".

  C'est la fonction la plus souvent utilisée dans les réseaux de neurones [MD89]. Elle représente l'avantage d'être monotone, continûment dérivable, et bornée entre 0 et 1. Elle est définie pour tout réel x par :

$$F(x)=\frac{1}{1+e^{-x}}$$

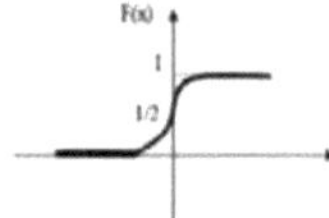

2.4.4 Perceptron multicouches

Les perceptrons multicouches (PMC) ont vu le jour en 1986 par Rumelhart et McClelland afin de combler le fait que les perceptrons ne peuvent discriminer que les ensembles linéairement séparables. Par exemple les fonctions logiques simples « ET » et « OU » peuvent être simulé par un perceptron alors que le « OU exclusif (XOR)» ne le peut pas.

Ce type de réseau a été rapidement reconnu comme classifieur par excellence pour sa capacité d'apprendre et d'améliorer ses performances à travers un processus d'apprentissage dans beaucoup de problèmes de reconnaissance de formes [RAI+16, RB16] et de parole [KH09]. Il est aussi utilisé dans de nombreux domaines scientifiques tels que ; le traitement d'image et de signal [SPKP09, MLT16], la robotique [VRN15], le contrôle de qualité des aliments [VC14], la prédiction [Val16, CIP15], le diagnostic médical [KKN12, RP17], la télédétection [Sym16], la modélisation [SRPMLC15] etc.

2.4.4.1 Architecture du PMC

L'architecture du perceptron multicouches est organisée en couches successives où l'information se propage dans un seul sens, de la couche d'entrée vers la couche de sortie. Chaque neurone d'une couche est totalement connecté aux neurones de la couche suivante et les neurones d'une même couche ne sont pas interconnectés.

1. La couche d'entrée est de nombre de neurones égal au nombre de composantes de vecteur attribut.
2. Les couches cachées sont des couches intermédiaires qui ne sont pas vues de l'extérieur, dont les neurones cachés ont généralement une fonction d'activation sigmoide.
3. La couche de sortie ayant autant de neurones que de nombre de classes du probleme traite. Les neurones de la couche de sortie ont aussi une fonction d'activation sigmoide. Les différentes couches sont reliées par des poids synaptiques qui vont être ajustés au fur des itérations par la méthode de rétropropagation du gradient de l'erreur.

Les réseaux multicouches sont très utilisés dans les problèmes de classification bien que la difficulté majeur de cette solution est de trouver l'architecture adéquate [MC02] au problème traité notamment le nombre de couches cachées, le nombre de neurones dans chacune des couches cachées, les valeurs initiales des poids synaptiques et aussi le nombre maximum d'itérations. Un mauvais choix de ces paramètres entraîne une mauvaise convergence du réseau. Plusieurs essais sont nécessaires avant de réussir à faire converger un réseau vers une solution optimale.

La figure 2.6 suivante illustre la structure du perceptron multicouches.

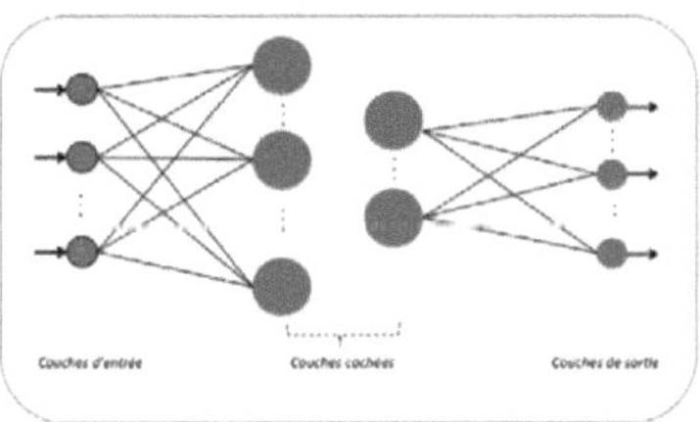

FIGURE 2.6 – Structure du perceptron multicouches

Une fois l'architecture du réseau de neurones est définie, nous devons déterminer les autres paramètres ajustables du réseau qui sont les poids qui permettent de connecter les entrées aux neurones cachées et les neurones cachés aux neurones de sortie. Ce processus d'ajustement est la phase d'apprentissage au cours de laquelle le réseau de neurones va s'entraîner et va apprendre à modéliser les données par des exemples constituées de couples entrée-cible appelées données ou ensembles d'apprentissage. La performance du réseau de neurones se mesure par la manière dont il saura classifier un ensemble de données de test n'ayant pas été utilisé lors de la phase d'apprentissage.

2.4.4.2 Rétropropagation du gradient d'erreur (RPG)

La Rétropropagation du gradient d'erreur est une technique très célèbre lorsqu'on utilise le perceptron multicouches comme réseau. Elle a été proposée par plusieurs auteurs Rumelhart, Hinton et Williams en 1986 [RHW86]. Elle est considérée comme un des algorithmes les plus intéressants des réseaux de neurones, grâce à sa capacité d'apprendre en modifiant la structure interne du réseau (poids synaptiques) pour s'adapter à son environnement.

Le principe de cette méthode consiste à mettre à jour les poids synaptiques plusieurs fois jusqu'à minimiser la fonction coût (l'erreur quadratique) de sortie (l'écart entre la sortie théorique désirée et la sortie évaluée par le réseau) [BBH07].
Dans ce qui suit, nous allons décrire l'apprentissage du perceptron ayant une seule couche cachée, le principe restant le même pour plusieurs couches cachées.

La methode de rétropropagation du gradient consiste à une suite d'optimisations partielles, couche par couche.

- Couche d'entree de neurones n_1, chaque neurone est de composante ne_k avec k=1,$\cdots$,n_1. $z_i^{(1)}$ est la $i^{ième}$ composante de la realisation de vecteur attribut de l'image I.
- Couche cachee de neurones n_2, chaque neurone est de composante nc_j avec j=1,$\cdots$,n_2.
- Couche de sortie de neurones n_3, chaque neurone est de composante ns_i avec i=1,$\cdots$,n_3.
- $W^{(1)} = \{w_{kj}^{(1)}\}$, $k=1,\cdots,n_1$, $j=1,\cdots,n_2$, $w_{kj}^{(1)}$ sont les poids synaptiques qui relient les neurones de la couche d'entrée à ceux de la couche cachée.
- $W^{(2)} = \{w_{ji}^{(2)}\}$, $j=1,\cdots,n_2$, $i=1,\cdots,n_3$, $w_{ji}^{(2)}$ sont les poids synaptiques qui relient les neurones de la couche cachée à ceux de la couche de sortie.
- La sortie de neurone j, de composante nc_j de la couche cachée est :

$$z_j^{(2)} = f(y_j^{(2)}) \tag{2.29}$$

Avec :

$$y_j^{(2)} = \sum_{k=1}^{n_1} w_{kj}^{(1)} z_k^{(1)} \tag{2.30}$$

Et

$$f(y_j^{(2)}) = \frac{1}{1+e^{-y_j^{(2)}}} \quad j = 1,\cdots,n_2. \tag{2.31}$$

f est la fonction d'activation de type sigmoïde.

– La sortie de neurone i , de composante ns_i de la couche de sortie est :

$$z_i^{(3)} = f(y_i^{(3)}) \tag{2.32}$$

Avec :

$$y_i^{(3)} = \sum_{j=1}^{n_2} w_{ji}^{(2)} z_j^{(2)} \quad i = 1,\cdots,n_3. \tag{2.33}$$

Notant que les exposants (1), (2) et (3) représentent respectivement les indices des couches d'entrée, cachée et de sortie.

1 : **Optimisation des $w_{ji}^{(2)}$** :

Afin d'ajuster les poids synaptiques $w_{ji}^{(2)}$ pour différents indices j et i, on considère l'erreur du réseau définie par la formule 2.34 :

$$E(t) = \frac{1}{2}\sum_{i=1}^{n_3}(z_i^{(3)}(t) - d_i(t))^2 \tag{2.34}$$

$d_i(t)$ est la sortie désirée du neurone ns_i.
t est l'itération courante.
Différentier $E(t)$ par rapport $w_{ji}^{(2)}$ donne :

$$\frac{\partial E(t)}{\partial w_{ji}^{(2)}} = (z_i^{(3)}(t) - d_i(t))\frac{\partial z_i^{(3)}(t)}{\partial w_{ji}^{(2)}} \tag{2.35}$$

Les poids synaptiques $w_{ji}^{(2)}$ sont alors mis à jour en utilisant la formule 2.36 :

$$w_{ij}^{(2)}(t+1) = w_{ij}^{(2)}(t) - \eta\delta_i^3(t)z_j^{(2)}(t) \quad i = 1,\cdots,n_3 \ et \ j = 1,\cdots,n_2. \tag{2.36}$$

Avec :

$$\delta_i^3(t) = (z_i^{(3)}(t) - d_i(t)) \times f(y_i^{(3)}) \times (1 - f(y_i^{(3)})) \tag{2.37}$$

2 : **Optimisation des $w_{kj}^{(1)}$** :

La dérivation dans ce cas est similaire à celle présentée précédemment, donc nous allons mettre à jour les poids selon la formule 2.38 :

$$w_{kj}^{(1)}(t+1) = w_{kj}^{(1)}(t) - \eta \frac{\partial E(t)}{\partial w_{kj}^{(1)}} \tag{2.38}$$

Autrement :

$$w_{kj}^{(1)}(t+1) = w_{kj}^{(1)}(t) - \eta \delta_j^2(t) z_k^{(1)}(t) \quad j = 1, \cdots, n_2 \ et \ k = 1, \cdots, n_1. \tag{2.39}$$

Avec :

$$\delta_j^2(t) = \sum_{i=1}^{n_3} \delta_i^3(t) w_{ji}^{(2)}(t) \frac{\partial f(y_j^{(2)})}{\partial y_j^{(2)}} \tag{2.40}$$

Et

$$\frac{\partial f(y_j^{(2)})}{\partial y_j^{(2)}} = f(y_j^{(2)}) \times (1 - f(y_j^{(2)})) \tag{2.41}$$

L'algorithme 3 présente l'algorithme d'apprentissage du rétropropagation du gradient.

Algorithme 3 Rétropropagation du gradient

1 : Initialiser aléatoirement les poids synaptiques entre -1 et 1.
2 : $t = 1$
3 : **Répéter**

- Appliquer aléatoirement un vecteur entrée-sortie à l'entrée du réseau.
- Calculer les sorties du réseau à partir des entrées qui lui sont appliquées et calculer l'erreur E entre ces sorties et les sorties désirées.
- Ajuster les poids par la méthode du gradient, définie par la formule 2.42 :

$$W^{(r)}(t+1) = W^{(r)}(t) - \eta \frac{\partial E}{\partial W^r} \tag{2.42}$$

  η est le pas d'apprentissage, il est généralement compris entre 0.1 et 0.9.
  $r = 1, 2$.
- $t = t + 1$.

4 : **tant que** $W^{(r)}(t) \neq W^{(r)}(t-1)$

2.4.4.3 Avantages et limites du PMC

Le succès du perceptron multicouches dans divers champs d'applications (reconnaissance des formes, prédiction, etc.) témoigne son efficacité mais il n'en échappe pas à certaines limitations qui relèvent principalement de l'intuition de l'utilisateur à les définir [TM97]. En effet, son efficacité dépend fortement de l'architecture optimale du réseau où le nombre de couches cachées et le nombre de neurones par couche à déterminer reste problématique. Un autre point est l'influence du pas d'apprentissage ; avec une grande valeur, la solution à la convergence peut contenir des oscillations indésirables, de même qu'une faible valeur ralentit la convergence vers la solution. La convergence vers des solutions locales peut être aussi dû aux initialisations aléatoires des vecteurs de poids synaptiques. Ce problème peut être réduit en effectuant plusieurs initialisations et retenir le meilleur résultat.

2.4.4.4 Exemple d'application XOR

La fonction logique "OU exclusif ", $z = XOR(x, y)$ est définie par le tableau 2.3.

Entrée ne_1	Entrée ne_2	Sortie désirée d
0	0	0
0	1	1
1	0	1
1	1	0

TABLE 2.3 – La fonction XOR.

La fonction XOR possède deux classes qui sont linéairement non séparables. Le réseau utilisé comporte :

- Une couche d'entrée admettant deux neurones ne_1 et ne_2 qui ont pour valeur 0 et 1.
- Une couche de sortie admettant un neurone ns_1 qui peut prendre la valeur 0 ou 1.
- Une seule couche cachée est utilisée, afin de simplifier le réseau et accélérer le processus de l'apprentissage, la couche cachée comporte cinq neurones nc_1, nc_2, nc_3, nc_4 et nc_5, ce nombre est suffisant pour avoir une classification parfaite pour tous les objets d'apprentissage.
- L'algorithme de rétropropagation de gradient est utilisé pour l'adaptation des poids synaptiques.
- Le pas d'apprentissage η est fixé à 0.6.

La figure 2.7 illustre la convergence d'un poids synaptique.

On remarque qu'au début de l'apprentissage, pour les premières itérations, les poids synaptiques fluctuent, donc l'erreur est grande. Au fur des itérations, la convergence des poids se fait rapidement par des sauts qui diminuent d'amplitude, et donc l'erreur diminue. Les poids retenus à la fin de l'apprentissage sont ceux qui minimisent l'erreur sur la base de test. Le tableau 2.4 montre les résultats de sortie du réseau de neurone des différentes entrées après convergence.

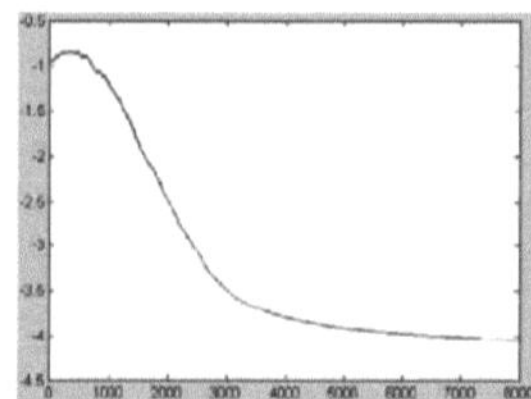

FIGURE 2.7 – Convergence du poids synaptique W.

Entrée ne_1	Entrée ne_2	Sortie évaluée
0	0	0.0388
0	1	**0.9366**
1	0	**0.9428**
1	1	0.0778

TABLE 2.4 – Résultats de sortie de la fonction XOR.

2.5 Conclusion

Dans ce chapitre, nous avons présenté trois méthodes de classification. En premier lieu nous avons décrit le principe de fonctionnement de la méthode de classification k plus proches voisins qui repose sur la notion de métrique. Nous avons présenté en second, la méthode FMMC en détaillant son architecture ainsi que son processus d'apprentissage composé de trois phases; expansion, test de chevauchement et contraction. En dernier, nous avons d'abord présenté le concept de base des réseaux de neurones. Par la suite, nous avons décrit le neurone biologique ainsi que le neurone formel. Notre étude s'est focalisée principalement au réseau de neurone de type perceptrons multicouches qui sont très utilisés en classification de données. Nous avons étudié la méthode de rétropropagation du gradient pour mettre à jour les poids synaptiques du réseau pendant la phase d'apprentissage. Enfin, nous avons évalué le réseau de neurones de type perceptron multicouches par un résultat expérimental sur la fonction XOR.

Dans le chapitre suivant, nous détaillons les grandes lignes de sélection des attributs par les algorithmes évolutionnistes, plus particulièrement par les algorithmes génétiques et les stratégies d'évolution.

Chapitre 3

Approches évolutionnistes

Dans ce chapitre, nous présentons le concept de base des approches évolutionnistes (AE), plus particulièrement les algorithmes génétiques (AG) et les stratégies d'évolution (SE). Les deux approches très utilisées en résolution des problèmes d'optimisation seront présentées d'une manière succincte. Nous décrivons leurs principes de fonctionnement ainsi que les différents opérateurs permettent d'explorer de manière très efficace l'espace des solutions possibles.

3.1 Introduction

Comme tout système de reconnaissance ou de classification de données il est primordial de passer par la phase d'extraction de primitives ou de caractéristiques. Elle permet de convertir les données dans un format propre à leur utilisation. Le vecteur obtenu par cette représentation s'appelle le vecteur des attributs. Parmi l'ensemble de ces attributs, il est possible que certains correspondent à du bruit ou qu'ils soient corrélés, non pertinents, peu informants ou même redondants et inutiles au système de classification. D'après Jaïn et al. [JDM00a], la performance d'un système de classification dépend fortement des relations entre le nombre d'échantillons utilisés, le nombre de caractéristiques considérées et la complexité du système. En effet, pour obtenir un système performant il est nécessaire d'avoir un nombre d'échantillons suffisamment grand et surtout représentatif. De ce fait, la sélection des attributs fut, depuis plusieurs décennies, un domaine de recherche très actif dont plusieurs travaux et publications dans divers domaines (apprentissage artificiel, fouille de données, classification, data mining, etc) ont été élaborés.

La sélection d'attributs consiste à réduire l'ensemble des attributs considérés en phase d'extraction des primitives en éliminant les primitives jugées redondantes et non pertinentes. Classiquement, la sélection d'attributs est définie par le fait de sélectionner un sous-ensemble de M attributs à partir d'un ensemble N, tel que $M < N$ et que la fonction critère choisie soit optimale sur le sous-ensemble de taille choisi. En effet, La détermination du nombre optimal d'attributs à sélectionner est un problème très difficile [KKN14, CS14].

Cocquerez et al. [BCC+95] ont fait la recommandation que le nombre d'attributs sélectionnés doit être comparable au nombre de classes et ont ajouté qu'il serait illusoire de penser qu'un grand nombre d'attributs apporte une meilleure discrimination, car l'information qu'ajoutent les attributs excédentaires est négligeable devant le bruit qu'ils apportent.

La sélection des attributs les plus pertinents consiste à optimiser le choix des attributs par la minimisation d'une fonction coût. Dans ce cadre, plusieurs méthodes et algorithmes de sélection des attributs [CS14] sont apparus et parmi lesquels les algorithmes évolutionnaires ont suscité un intérêt grandissant dans divers secteurs de recherches. On les trouve par exemple en ; évaluation du risque de crédit en secteur bancaire [OO14], diagnostic médical [WFD+15], bioinformatique [SIL07], reconnaissance des émotions de paroles [GSNG12] et la reconnaissance de l'écriture [DFMD14].

Le terme algorithmes évolutionnaires regroupe un ensemble de techniques parmi elles, les algorithmes génétiques, la programmation génétique et les stratégies d'évolution. Ces techniques d'optimisation stochastiques sont inspirées de la théorie de l'évolution darwinienne des populations biologiques [Lut05]. Ainsi, cet ensemble de techniques reposent sur la manipulation de populations (représentant des points d'un espace de recherche) qui évoluent sous l'action de plusieurs opérateurs. Usuellement, l'évolution est organisée en générations et elle résulte d'une part de la sélection, liée à la performance d'un individu (fonction d'évaluation qui permet de juger si un individu est adapté à son environnement), et d'autre part des opérateurs génétiques de croisement et de mutation, qui génèrent les individus d'une nouvelle génération. Le principe de base est identique entre les différentes méthodes, néanmoins elles se différencient par leur manière de représenter les individus et par leur façon de faire reproduire la population d'une génération à l'autre.

Ce chapitre s'attache à présenter les grandes lignes des algorithmes évolutionnistes et plus particulièrement les algorithmes génétiques et les stratégies d'évolution, en détaillant les principes fondamentaux qui leur régissent.

3.2 Algorithmes génétiques

Les algorithmes génétiques, développés par Holland puis approfondis par son élève Goldberg [HG89], reprennent les principes élémentaires de la génétique et de l'évolution naturelle. Ils constituent une technique heuristique d'optimisation globale puissante, dédiée essentiellement aux problèmes d'optimisation non linéaires et complexes [Nas04]. Depuis plusieurs années, un intérêt majeur et une grande importance a été accordée aux algorithmes génétiques à la résolution des problèmes d'optimisation pour leurs efficacité et leurs capacité de fournir des solutions de bonne qualité et leur exploration rapide et globale de l'espace de recherche, lorsque leurs paramètres (Taille de la population, nombre d'itérations, probabilités des opérateurs, etc.) sont choisis d'une manière adéquate et ajustable [Nas04].

3.2.1 Principe

L'algorithme génétique est un processus itératif de recherche d'optimum, il manipule une population d'individus (appelés aussi chromosomes) de taille *maxpop* fixe. Chaque chromosome représente le codage d'une solution potentielle au problème à résoudre et il est constitué d'un ensemble d'éléments appelés caractéristiques ou gènes.

A chaque itération, appelée génération, est créée une nouvelle population avec le même nombre de chromosomes. Cette génération consiste en des chromosomes mieux "adaptés" à leur environnement tel qu'il est représenté par la fonction sélective qui constitue toute l'information dont a besoin l'algorithme génétique pour l'optimisation. Au fur et à mesure des générations, les chromosomes vont tendre vers l'optimum de la fonction sélective : les algorithmes génétiques sont fondés sur l'hypothèse que de bonnes solutions peuvent produire des solutions encore plus adaptées [IMP12].

La génération d'une nouvelle population à partir de la précédente s'effectue en trois phases :

a- phase d'évaluation dans laquelle l'algorithme génétique évalue la fonction sélective de chaque chromosome de l'ancienne population,

b- phase de sélection,

c- phase de reproduction avec croisement et mutation.

Et le cycle se réitère jusqu'à satisfaction du critère d'arrêt qui consiste généralement à atteindre un nombre maximal de générations fixé a priori, noté *maxgen*.

La figure 3.1 illustre l'organigramme de l'algorithme génétique.

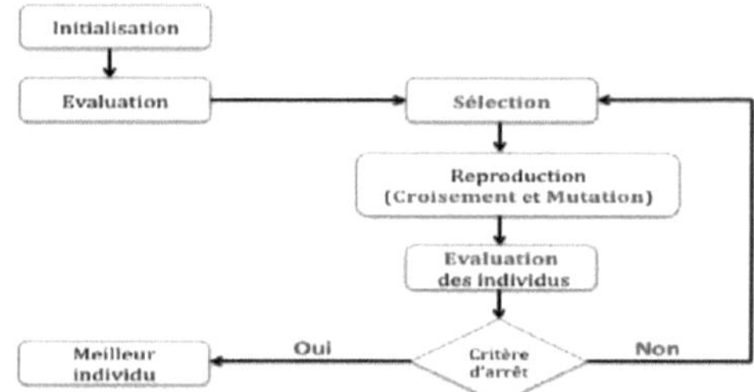

FIGURE 3.1 – Organigramme de l'algorithme génétique.

3.2.2 Opérateurs génétiques de base

3.2.2.1 Sélection

Cet opérateur a pour rôle de sélectionner quels individus de la population courante seront retenus pour participer à la phase de reproduction (croisement et mutation). La sélection est basée sur la performance des individus, estimée à l'aide de la fonction sélective ou d'évaluation. Plusieurs stratégies sont possibles pour effectuer une telle sélection parmi lesquelles nous abordons la sélection élitiste, la sélection par roulette proportionnelle, la sélection par rang de l'individu [HG89].

• ***Sélection par roulette proportionnelle***

Cette technique de sélection s'inspire du principe des roues de loterie. Elle permet d'attribuer à chaque individu de la population (chromosome) une probabilité de sélection

P_i proportionnelle à sa fonction d'évaluation f_j, définie comme suit :

$$P_i = \frac{f_i}{\sum\limits_{j=1}^{maxpop} f_j} \tag{3.1}$$

maxpop est la taille de la population.

En pratique, chaque chromosome occupe un secteur de roulette dont l'angle est proportionnel à sa probabilité de sélection.

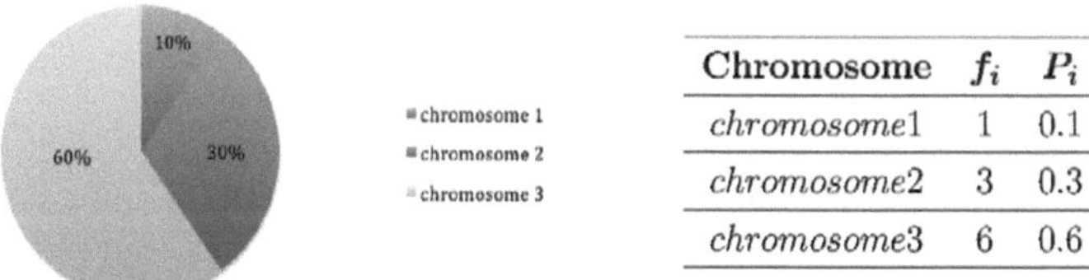

Chromosome	f_i	P_i
*chromosome*1	1	0.1
*chromosome*2	3	0.3
*chromosome*3	6	0.6

FIGURE 3.2 – Sélection par roulette proportionnelle.

La roue tourne et un tirage aléatoire est effectué afin de sélectionner à chaque fois un chromosome. En supposant que pour la population représentée dans la figure 3.2, le tirage a donne chromosome 3 deux fois et chromosome 2 une seule fois, et ainsi le résultat de sélection est *pop = {chromosome 3,chromosome 3,chromosome 2}*.

De ce fait, on déduit que cette méthode donne la priorité aux meilleurs individus d'être sélectionnés plusieurs fois, tandis que les individus les moins bons ont beaucoup de chance d'être éliminés. Elle est donc très sensible aux chromosomes ayant une forte adaptation, ce qui peut provoquer la stagnation de l'évolution.

• ***Sélection par rang***

Elle consiste à ranger les chromosomes par ordre décroissant de leurs valeurs sélectives pour un problème de maximisation et à attribuer à chaque chromosome une probabilité de sélection P_i selon son rang r_i, le plus mauvais chromosome a le rang 1, le suivant 2, et ainsi de suite jusqu'au meilleur chromosome qui a le rang *maxpop* :

$$P_i = \frac{r_i}{\sum\limits_{j=1}^{maxpop} r_j} \tag{3.2}$$

Soit l'exemple suivant de sélection par rang.

Chromosome	f_i	r_i	P_i
chr_4	7	4	0.4
chr_3	6	3	0.3
chr_2	4	2	0.2
chr_1	3	1	0.1

Avec cette technique, tous les chromosomes ont une chance d'être sélectionnés vu que les meilleurs chromosomes ne diffèrent pas énormément des plus mauvais, ce qui peut conduire à une convergence plus lente vers la bonne solution.

• ***Sélection élitiste***

A la création d'une nouvelle population, il se peut que les meilleurs chromosomes soient perdus après l'application des opérateurs de croisement et de mutation. Pour éviter ce problème de perte des meilleures solutions, la méthode de sélection élitiste permet de conserver les chromosomes les plus prometteurs et les mettre en avant dans la nouvelle génération. Cette méthode a l'avantage de permettre une convergence plus rapide vers la solution désirée, et elle est la plus adoptée dans divers travaux sur les algorithmes génétiques [Nas04, SPM15].

3.2.2.2 Croisement

Le croisement est un processus aléatoire qui permet de générer deux chromosomes nouveaux enfants en combinant deux chromosomes sélectionnés parents. Ce dernier favorise l'exploration de l'espace des solutions possibles avec une probabilité de croisement notée P_c [Ren94b]. Il existe différents types de croisement parmi lesquels on trouve :

• ***Croisement à un point***

Le croisement à un point représente la version de base de croisement [HG89]. Il consiste d'abord à choisir aléatoirement deux parents dans la population et une position de croisement j (un entier) compris entre 1 et l (l étant la longueur d'un chromosome) et ensuite à générer deux nouveaux chromosomes en inversant les gènes des deux parents. Le croisement est répété avec les autres parents jusqu'à obtenir une nouvelle population de même taille maxpop.

La figure 3.3 illustre un exemple de croisement à un point de deux chromosomes binaires de longueur $l = 7$, la position de croisement choisie est $j = 4$.

• ***Croisement à deux points***

Ce type de croisement permet de choisir au hasard deux parents dans la population et deux positions de croisement et à générer deux nouveaux chromosomes en échangeant les gènes des deux parents situés entre les deux points de coupure [Ren94b].

FIGURE 3.3 – Croisement à un point.

La figure 3.4 présente un exemple de croisement à deux points de deux chromosomes binaires de longueur $l = 7$, les deux positions de croisement choisis sont 2 et 6.

FIGURE 3.4 – Croisement à deux points.

• ***Croisement uniforme***

Ce type de croisement est proposé par Syswerda [Sys89]. Il consiste à choisir aléatoirement deux parents dans la population et un certain nombre de positions de croisement compris entre 1 et l et à générer deux nouveaux chromosomes en échangeant les gènes des deux parents correspondant à ces positions. La figure 3.5 montre un exemple de croisement uniforme de deux chromosomes binaires de longueur $l = 7$, les positions de croisement choisies sont 2, 4 et 6.

FIGURE 3.5 – Croisement uniforme.

3.2.2.3 Mutation

L'opérateur de mutation permet d'effectuer une légère perturbation néfaste ou bénéfique pour le chromosome. Il consiste généralement à tirer aléatoirement un ou plusieurs gènes dans le chromosome et les inverser selon leur type avec une probabilité de mutation P_m. Cet opérateur a pour but d'éviter la stagnation de l'évolution de populations d'une part, et d'éviter la convergence prématurée vers un optimum local d'autre part [HG89]. La figure 3.6 présente un exemple de mutation simple d'un chromosome binaire de longueur $l = 7$, le gène à muter est de position 4.

FIGURE 3.6 – Mutation simple.

3.2.3 Algorithme AG et paramètres de fonctionnement

La structure de base de l'algorithme génétique est présentée dans l'algorithme 4.

Algorithme 4 Algorithme génétique

Génération aléatoire de la population initiale
Calcul de la fonction sélective
Répéter
  Sélection
  Croisement
  Mutation
  Calcul de la fonction sélective
Jusqu'à satisfaction du critère d'arrêt

Le fonctionnement de l'AG débute par une initialisation aléatoire d'une population d'individus. En effet, le choix de la population initiale est très important, il conditionne fortement la rapidité de la convergence vers la solution désirée [KHE15, Nas04, BBM93].

Le codage des paramètres du problème traité est aussi un facteur capital dans le succès de l'AG. En fait, les variables réelles sont codées sous forme de chromosomes binaires, et une fois les chromosomes subissent les opérations génétiques, l'algorithme décode les nouveaux chromosomes générés pour les évaluer.

Les trois opérations génétiques sont appliquées au fur et à mesure des itérations. Les parents sont d'abord sélectionnés en fonction de leurs adaptations en utilisant une méthode de sélection appropriée. Ensuite l'opérateur de croisement est appliqué pour chaque couple de parents avec une probabilité P_c (généralement comprise entre 0.6 et 0.9) pour engendrer deux enfants. Puis la mutation est réalisée par l'inversion d'un ou plusieurs gènes d'un chromosome, elle est appliquée avec une probabilité P_m (généralement d'une valeur très faible comprise entre 0.001 et 0.1) [MTK12].

3.2.4 Amélioration de l'algorithme génétique standard

Plusieurs améliorations ont été proposées dans la littérature pour surmonter certaines limites de l'algorithme génétique standard dû au codage binaire et aux processus génétiques. L'intérêt principal est de rendre l'algorithme génétique de base plus performant en améliorant la qualité de la population finale, et plus rapide en réduisant le temps de convergence. Parmi ces améliorations, on trouve les algorithmes génétiques étendus qui se distinguent des algorithmes génétiques standard au niveau des processus génétiques du fait qu'ils possèdent la propriété de contrôle à plusieurs niveaux tels qu'au niveau de croisement [BH91].

En outre, d'autres versions modifiées de l'algorithme génétique standard ne s'appuient plus sur le codage binaire, mais travaillent directement sur les paramètres à optimiser. Ces versions sont intitulées algorithmes génétiques codes-reels. La classe la plus répandue des algorithmes génétiques codés-réels est celle des stratégies d'évolution [Nas04].

3.3 Stratégies d'évolution

Les stratégies d'évolution, méthode d'optimisation, a été proposée par Rechenberg [Rec89]. Son concept de faire évoluer une population d'individus est identique à celui de l'algorithme génétique. La différence cependant, c'est que les stratégies d'évolution maintiennent la nature des variables décrivant le problème à traiter. En d'autres termes, il n' y a pas de codage de la population utilisée. L'opérateur de croisement ne fait pas parti des constituants de l'algorithme de SE, tandis que l'opérateur de mutation y est mais il est différent de celui de l'AG.

3.3.1 Principe

L'algorithme des stratégies d'évolution manipule une *population* de taille *maxpop* constante. Cette population est formée de points candidats appelés *chromosomes*. Chaque chromosome représente le codage d'une solution potentielle au problème à résoudre, il est constitué d'un ensemble d'éléments appelés *gènes*. Ces derniers sont des réels.

La figure 3.7 illustre l'organigramme de l'algorithme des stratégies d'évolution.

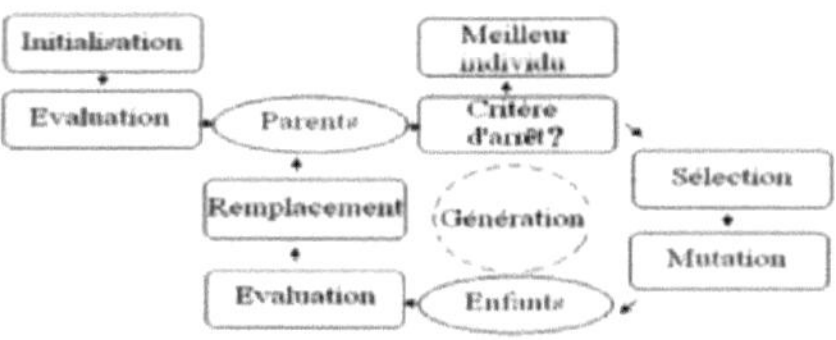

FIGURE 3.7 – Organigramme de l'algorithme des stratégies d'évolution.

L'algorithme des stratégies d'évolution débute par générer aléatoirement une population initiale. Ensuite, une valeur de performance calculée par la fonction sélective est attribuée à chaque chromosome. Elle correspond à l'adaptation de chaqu'un à son environnement. Une fois que l'évaluation de chaque chromosome est calculée, les mécanismes évolutionnistes entrent en jeu pour explorer et exploiter le plus largement possible l'espace de recherche et faire évoluer la population de manière progressive. Ces mécanismes sont ; la sélection et la mutation. Ainsi, le cycle continue tant que le meilleur chromosome de la population semble encore très éloigné de la solution optimale [Kas92]. Généralement, le critère d'arrêt (arrêt de l'évolution) correspond au nombre maximal de générations voulu, noté *maxgen*.

3.3.2 Sélection

Le mécanisme de sélection dans un algorithme SE possède les mêmes caractéristiques que celui utilisé dans l'algorithme génétique standard. Techniquement, la sélection intervient à deux niveaux ; lors de la sélection pour la reproduction, et lors du remplacement. Le procédé de sélection des chromosomes favorise toujours ceux qui sont jugés les plus performants par rapport à la fonction d'évaluation. Les chromosomes les plus adaptés ont la probabilité la plus élevée de se reproduire dans la nouvelle population tandis que ceux avec une performance médiocre auront une tendance à disparaître.

3.3.3 Mutation

En SE, l'étape de mutation est effectuée par l'ajout d'une perturbation aléatoire selon une distribution de probabilité gaussienne aux différents gènes d'un chromosome sélectionné chr. Pour générer un nouveau chromosome chr^*, la formule suivante est usitée [Nas04, EM13] :

$$chr' = chr + \sigma N(0,1)$$

- chr' représente le nouveau chromosome produit par perturbation gaussienne du chromosome chr.

- $N(0,1)$ est une gaussienne de moyenne 0 et de variance 1.

- σ est un paramètre stratégique, son ajustement est relativement complexe (Trop petit, il ralentit l'évolution, trop grand, il perturbe la convergence de l'algorithme).

3.3.4 Algorithme SE

Les différentes étapes de SE sont résumées dans l'algorithme 5.

Algorithme 5 Stratégie d'évolution

1 : Génération d'une population d'individus de taille *maxpop* :
2 : **Répéter**

1. Calcul de la fonction d'évaluation de chaque individu.
2. Sélection de la nouvelle population à partir de l'ancienne pour la reproduction.
3. Application de l'opérateur génétique Mutation.
4. Remplacement de l'ancienne population d'individus par une nouvelle.

3 : **Jusqu'a** satisfaction du critère d'arrêt

3.4 Conclusion

Les algorithmes évolutionnaires (AE) constituent une famille d'algorithmes d'optimisation inspirés du processus de l'évolution naturelle, appliqués avec succès à de nombreux problèmes où les algorithmes d'optimisation classiques sont incapables de produire des résultats satisfaisants.

Les AE consistent à faire évoluer une population d'individus dans le temps, afin qu'ils deviennent de plus en plus adéquats à l'environnement d'un problème donné par application de différents opérateurs génétiques qui sont, sélection, croisement et mutation pour l'AG et sélection et mutation pour les SE. Les paramètres régissant l'évolution de la population tels que le nombre de chromosomes, l'opération de codage, et les probabilités de croisement et de mutation, doivent être choisis judicieusement car ils influencent fortement la convergence de l'algorithme.

Chapitre 4

Reconnaissance de caractères par codage de Freeman amélioré et morphologie mathématique

Dans ce chapitre, nous proposons un nouveau système de reconnaissance des chiffres basé sur le codage de Freeman. Notre contribution intervient en premier au niveau de la phase de prétraitement pour remédier au problème de fermeture de contours par morphologie mathématique. Ensuite, en phase d'extraction de primitives, nous proposons une amélioration des directions du codage de Freeman. Afin de valider notre approche, des expérimentations et des comparaisons avec d'autres méthodes d'extraction sont réalisées sous MATLAB sur des images des chiffres et lettres imprimés et manuscrits provenant de différents scripteurs. Les résultats obtenus sont très encourageants et confirment les bonnes performances de l'amélioration apportée au codage de Freeman.

4.1 Introduction

Depuis plusieurs décennies, la reconnaissance de l'écriture manuscrite et imprimée a attiré l'attention d'un grand nombre de chercheurs pour son intérêt indéniable dans l'accomplissement de nombreuses tâches fastidieuses, notamment celles basées sur la reconnaissance des chiffres comme : le tri et la lecture automatique des adresses postales [LT02, WLWL16], des chèques bancaires [JRMP12], la lecture des formulaires [HHA14] et bien d'autres [DER09, AYV01].

En effet, bien que le nombre de classes des chiffres soit très réduit (0 à 9), la grande variabilité de l'écriture manuscrite, les styles et les polices utilisés pour les chiffres imprimés ainsi que les conditions précaires dans lesquelles sont écrits les chiffres, rendent le processus de reconnaissance une tâche assez complexe. Dans ce cadre, plusieurs systèmes de reconnaissance de chiffres ont été proposés dans la littérature [GGY15, SAZ15]. Ils se sont tous préoccupés de trouver la bonne technique pour caractériser, différencier et classifier les différents chiffres.

De ce fait, l'extraction des primitives a toujours été une étape cruciale et délicate dont l'objectif est d'extraire les vecteurs d'attributs constituant les informations pertinentes permettant la distinction des caractères. En littérature, une panoplie de méthodes d'extraction sont proposées tels ; les moments invariants [PKKT13], les moments de Zernike [BSA10], le codage de Freeman [AN14], les caractéristiques de Loci [EM13], les projections des histogrammes, descripteurs de Fourrier [RM10], etc.

Dans ce présent travail, nous nous intéressons en premier lieu à la méthode structurelle d'extraction des primitives basée sur le codage de Freeman, où nous proposons une amélioration de cette méthode. De plus, pour valider la performance de notre approche, des expérimentations et des comparaisons avec d'autres méthodes d'extraction sont réalisées sur une base de données des images des chiffres et lettres imprimés et manuscrits provenant de différents scripteurs. La classification est effectuée par kPPV et FMMC.

4.2 Amélioration de la méthode Codage de Freeman

En vue de remédier au problème du chaînage de codants incomplet par la méthode de Freeman classique dû aux discontinuités qui peuvent persister au niveau du contour des caractères à traiter, nous avons porté à la méthode classique de Freeman une amélioration qui consiste à élargir les directions du code de Freeman à 24-connexités au lieu d'être limitée à 8-connexités. La figure 4.1 représente les 24-directions de la méthode proposée.

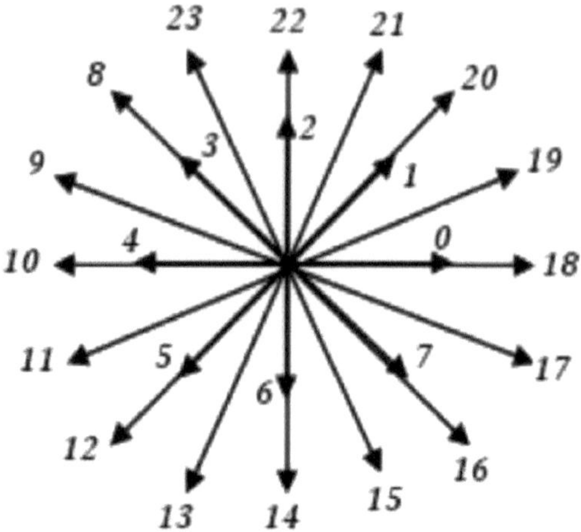

FIGURE 4.1 – Le codage de Freeman en 24-connexités.

Le principe de la méthode Freeman amélioré, basée sur la méthode classique, consiste à coder le contour du caractère par une chaîne de codants donnant la position relative d'un pixel du contour à son voisin immédiat selon la représentation de 24-connexités (Figure 4.1). On commence d'abord par chercher le point de départ, qui est généralement le premier pixel rencontré et on mémorise ses coordonnées. Ensuite, on cherche son voisin immédiat au sens du voisinage à 8 connexités et on mémorise le codant qui lui correspond. Dans le cas où aucun pixel voisin en 8-connexités n'est rencontré, à ce niveau on cherche le prochain pixel au sens du voisinage à 24-connexités et on lui affecte le codant approprié. On réitère cette opération jusqu'à revenir au point de départ.

L'ensemble d'étapes de la méthode de Freeman améliorée sont décrites dans l'algorithme 6.

Algorithme 6 Codage de Freeman amélioré

1 : Rechercher le pixel de départ $P(x_0, y_0)$: Le premier pixel rencontré dans l'image

2 : Rechercher le pixel voisin du pixel de départ, nommé le premier codant.

3 : Affecter le code correspondant au premier codant

4 : Mise en mémoire du premier codant

5 : Nouveau pixel courant = pixel codé

6 : **Tant que** nouveau pixel courant$\neq P(x_0, y_0)$ **Faire**

- Rechercher le codant suivant au voisinage 8
- Affecter le code 0 à 7 correspondant au codant
- Mise en mémoire du codant

Si aucun codant suivant rencontré **Faire**

- Rechercher le codant au voisinage 24
- Affecter le code 8 à 23 correspondant au codant
- Mise en mémoire du codant

Fin si

Fin tant que

7 :Retourner la chaîne de codants.

4.3 Système proposé

Le système proposé est composé de trois étapes : le prétraitement, l'extraction des primitives et la classification. La figure 4.2 illustre les étapes primordiales du système proposé pour la reconnaissance des chiffres.

Les images des chiffres doivent subir en premier lieu des prétraitements illustrés dans la figure 4.3 et qui consistent à :

- Convertir l'image d'entrée en niveau de gris.
- Binariser l'image résultante en utilisant l'approche à seuillage global qui consiste à prendre un seuil ajustable et identique pour toute l'image.
- Détourer l'image afin de ne garder que la zone utile.
- Normaliser l'image à une taille prédéfinie, pour que tous les traitements portent sur des chiffres de même taille.
- Détecter le contour de l'image de chiffre particulier.

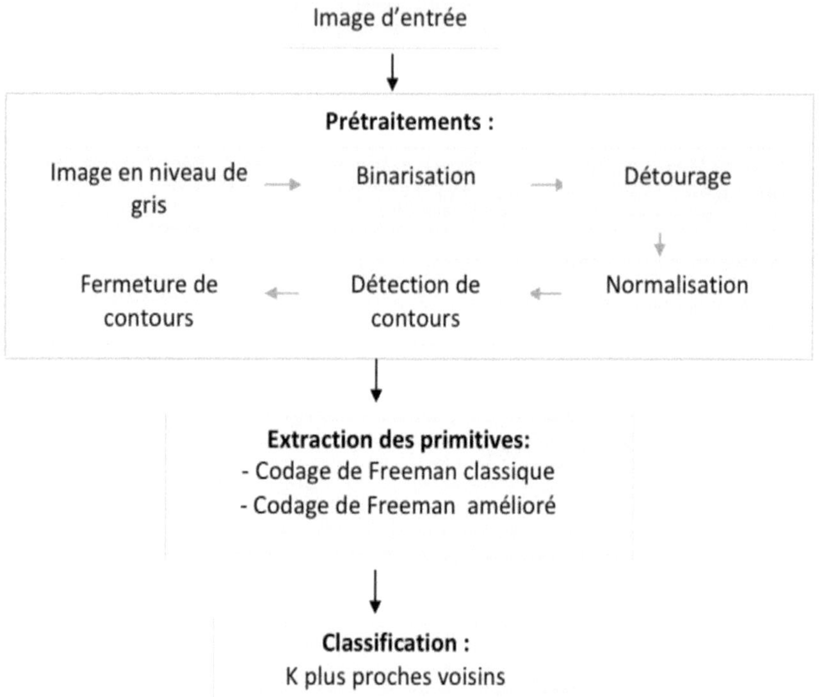

FIGURE 4.2 – Schéma proposé pour la reconnaissance des chiffres par codage de Freeman classique et amélioré

- Fermer le contour de chaque image chiffre, qui peut contenir des discontinuités. Cette opération se fait à l'aide d'une suite d'opérateurs morphologiques qui sont : la dilatation suivie de l'érosion en utilisant le même élément structurant.
  Après la fermeture, des trous proches du contour de l'image peuvent apparaître et mener à un mauvais chaînage du contour et donc à une mauvaise interprétation du chiffre. Donc, il est nécessaire de combler ces trous en convertissant les zones noires en blanc.

- Afficher le contour de l'image résultante pour effectuer le codage de Freeman.

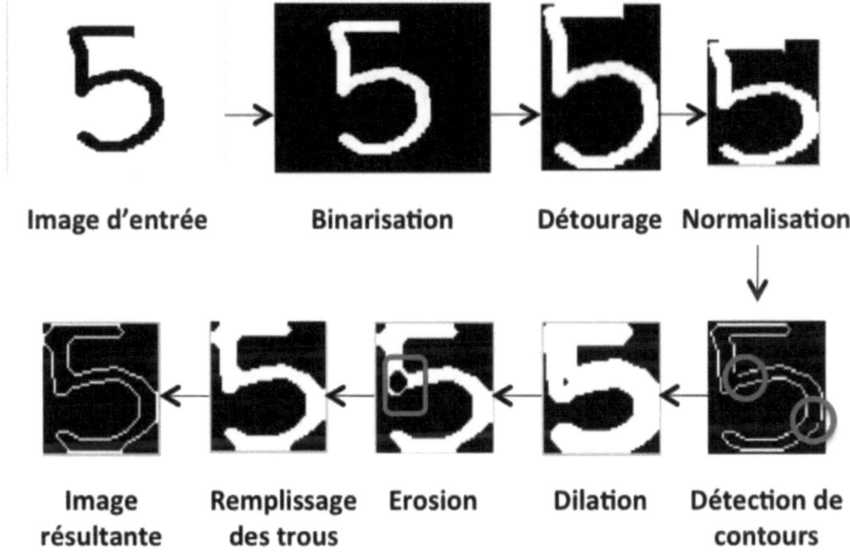

FIGURE 4.3 – Différentes étapes de prétraitement de l'image chiffre «5»

Après la phase de prétraitement, nous avons appliqué l'extraction des primitives par les deux versions, classique et améliorée de la méthode codage de Freeman. La méthode des k plus proches voisins (cf. section 2.2) est utilisée pour la classification.

4.4 Résultats expérimentaux et comparaisons

4.4.1 Expérimentation

Nous avons utilisé une base de données de 600 chiffres manuscrits et imprimés dont un extrait est représenté dans la figure 4.4. La base de données des chiffres manuscrits, imprimés et isolés utilisés tout au long des expérimentations de notre étude est prise des travaux effectués par *Ouafae El Melhaoui* dans le cadre de sa thèse de doctorat [EM13]. La base de données utilisée est scindée en deux parties, 400 images de chiffres pour l'apprentissage et 200 images de chiffres pour le test. Les classes sont équiprobables.

En vue de calculer le taux de reconnaissance des chiffres, nous avons effectué plusieurs simulations en fonction de la taille de normalisation des images chiffres, en utilisant le codage de Freeman classique (8-connexités) et amélioré (24-connexités) comme méthodes

FIGURE 4.4 – Extrait de la base de test des chiffres manuscrits et imprimés.

d'extraction des primitives. Les simulations effectuées sont scindées en deux parties au niveau de la phase de prétraitement, une partie utilise juste la détection de contours, tandis que la deuxième utilise la détection avec la fermeture de contours par morphologie mathématique.

D'après le tableau 4.1, on remarque que les taux de reconnaissance obtenus sans fermeture de contours sont médiocres, cela est dû au mauvais chainage à cause des discontinuités du contour des images chiffres, alors qu'avec la fermeture des contours, les taux deviennent plus appréciables. Par conséquent, l'utilisation des opérateurs de la morphologie mathématiques pour la fermeture des contours en phase de prétraitement sont primordiales et d'une importance majeure en vue d'avoir une bonne classification.

On constate aussi que le taux de reconnaissance par la technique de codage de Freeman amélioré surpasse celui de la méthode classique pour n'importe quelle taille de chiffre. Avec la taille de normalisation 50×50, le taux de reconnaissance est égal à $96,5\%$ par la méthode améliorée tandis qu'avec la méthode classique, il est égal à $93,5\%$. Donc, le fait d'élargir le codage de 8-connexités à 24-connexités a fourni plus de détails pour le vecteur attribut, il est devenu plus discriminant à distinguer les chiffres des différentes classes.

TABLE 4.1 – Taux de reconnaissance obtenus par kPPV en utilisant le codage de Freeman classique et sa version améliorée.

	Taux de reconnaissance par kPPV (%)			
	Codage de Freeman classique		**Codage de Freeman amélioré**	
Taille de normalisation	Sans fermeture de contours	Avec fermeture de contours	Sans fermeture de contours	Avec fermeture de contours
40x40	72.5	89	79	92.5
45x45	75	93	77.5	96.5
50x50	**78**	**93.5**	80	**96.5**
55x55	77	91.5	**82.5**	94

Ces résultats ont été communiqués lors de la conférence*«The International Conference on Wireless Technologies embedded and intelligent Systems (WITS-2015)»*[BNEMB15].

4.4.2 Etudes comparatives

Deux expérimentations sur les caractères chiffres et lettres sont considérées pour établir une étude comparative des différentes méthodes d'extraction de primitives, statistiques et structurelles, utilisées.

Le premier test se rapporte à la reconnaissance des chiffres par les méthodes d'extraction de primitives suivantes ; la projection de profil, le zonage, le codage de Freeman classique et sa version améliorée proposée.

a- Zonage

La méthode de zonage nécessite une phase de prétraitement. Elle consiste à binariser, détourer, normaliser, puis squelettiser le chiffre. Par la suite, l'image est découpée horizontalement et verticalement en $m \times n$ zones de taille égales. La densité est calculée pour chaque zone. Dans ce cadre, plusieurs tests sur la taille de normalisation et le découpage des images chiffres ont été effectués. Le meilleur résultat est obtenu en utilisant la taille 50×50, avec un découpage du chiffre en 50 zones, 10 zones horizontales et 5 zones verticales.

b- Projection de profil

Cette méthode exige une phase de prétraitement assez simple et rapide, elle consiste à binariser, détourer et normaliser le chiffre pour l'extraction des primitives. Le vecteur attribut est ensuite obtenu en calculant le nombre de pixels entre le bord gauche, bas, droit et haut de l'image représentant le chiffre et le premier pixel noir rencontré sur cette ligne, ou colonne. Pour ce cas d'étude, le meilleur taux de reconnaissance des chiffres par la méthode projection de profil est obtenu avec la taille de normalisation 50×50.

Le tableau 4.2 illustre les meilleurs taux de reconnaissance des chiffres obtenus par la méthode kPPV, en utilisant les quatre méthodes d'extraction des primitives discutées dans ce travail.

TABLE 4.2 – Taux de reconnaissance obtenus par kPPV en utilisant différentes techniques d'extraction.

Méthodes d'extraction de primitives	Taux de reconnaissance par kPPV (%)
Codage de Freeman amélioré	**96,5**
Codage de Freeman classique	93,5
Projection de profil	95
Zonage	93

D'après le tableau 4.2, on constate que le taux de reconnaissance calculé par la méthode structurelle codage de Freeman amélioré est le plus élevé. Il est égal a $96,5\%$, tandis que par le codage de Freeman classique, le zonage et la projection du profil, le taux de reconnaissance est faible, il est égal respectivement à 93.5%, 93% et 95%. Cela revient à la pertinence et la discriminance des primitives structurelles extraites à pouvoir classifier les formes des différentes classes des chiffres.

Le second test concerne la reconnaissance des voyelles par les méthodes d'extraction de primitives suivantes ; la projection de profil, le zonage, le codage de Freeman amélioré et HOG. La performance de ces caractéristiques est évaluée sur une base de données de voyelles manuscrites divisée en deux ensembles, un ensemble de 300 caractères est utilisé pour l'apprentissage et les 200 caractères restants sont utilisés en phase de test. La figure 4.5 illustre un extrait de la base de voyelles manuscrites.

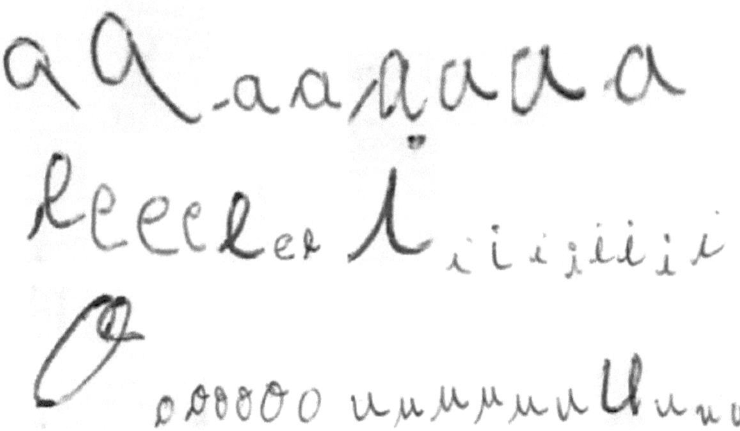

FIGURE 4.5 – Extrait de la base de données des voyelles manuscrites.

En phase de test, plusieurs expériences ont été réalisées pour déterminer le taux de reconnaissance en fonction de la taille de normalisation des lettres usitées. Le tableau 4.3 résume les meilleurs résultats des taux de reconnaissance obtenus par chacune des quatre techniques d'extraction. On constate que le meilleur taux de reconnaissance est acquis en utilisant la méthode d'histogramme des gradients orientés. Il est égal à 96% par kPPV et 93% par FMMC.

On déduit de cette étude que l'approche structurelle est bien adaptée à la reconnaissance des caractères manuscrits, elle assigne au caractère des primitives discriminantes qui permettent une bonne classification. C'est le cas pour la méthode de l'histogramme des gradients orientés, mais il n'en ai pas pour le codage de Freeman amélioré. Cela peut provenir de la phase de normalisation qui peut engendrer dans certains cas une degradation du caractère et peut mener à une ressemblance entre les lettres, par exemple 'a', 'o' et 'e'.

Ces résultats ont été communiqués lors de la conférence « *Mediterranean Conference on Information Communication Technologies (MedICT-2015)* » [BNEM16c] et la conférence « *Europe, Middle East and North Africa Conference on Technology and Security to Support Learning (EMENA-TSSL 2016)* » [BNEM17].

TABLE 4.3 – Taux de reconnaissance des voyelles obtenus par kPPV et FMMC en utilisant différentes techniques d'extraction.

Méthodes d'extraction de primitives	Taux de reconnaissance par kPPV (%)	Taux de reconnaissance par FMMC (%)
Zonage	90	88
Projection de profil	93	92
Codage de Freeman amélioré	89	89
Histogramme de gradients orientés	**96**	**93**

4.5 Conclusion

Dans ce chapitre, nous avons présenté un nouveau système de reconnaissance des chiffres basé sur la méthode d'extraction structurelle codage de Freeman. En effet, l'image représentant le chiffre est initialement prétraitée et il convient de transformer l'image en niveaux de gris, ensuite binariser, détourer, puis normaliser sous une taille fixe, pour enfin détecter et fermer le contour. Le système proposé résoud le problème de discontinuités du contour résultant par application des opérateurs de la morphologie mathématique. Par la suite, nous avons décrit le principe de l'amélioration de la méthode structurelle d'extraction codage de Freeman qui consiste à décrire le contour d'une forme en indiquant le déplacement d'un pixel donné à son pixel voisin par l'une des 24 directions proposées. Cette amélioration a fourni plus d'informations sur les chiffres et a réduit significativement le taux d'erreur de reconnaissance.

De plus, nous avons réalisé une étude comparative entre la méthode proposée et d'autres méthodes d'extraction en utilisant les méthodes de classification kPPV etFMMC. Selon les simulations réalisées sur des images des chiffres et lettres, les meilleurs résultats ont été obtenus par les méthodes structurelles.

En vue d'augmenter d'avantage la qualité de la reconnaissance, nous avons pensé à intégrer des systèmes hybrides qui combinent deux différentes méthodes d'extraction. Les systèmes proposés ainsi que les résultats obtenus sont présentés dans le chapitre suivant.

Chapitre 5

Reconnaissance de caractères par systèmes hybrides

Nous décrivons et analysons dans ce chapitre, les performances de deux systèmes hybrides pour la reconnaissance des chiffres. Nous avons mit l'accent plus particulièrement sur les méthodes d'extraction suivantes ; Freeman améliorée, zonage et projection de profil. Les différentes phases des systèmes de reconnaissance sont détaillées. Les images d'entrées subissent d'abord des prétraitements, ensuite en phase d'extraction, les vecteurs attributs de deux différentes méthodes sont combinés pour ne former qu'un seul vecteur, et finalement la classification est réalisée par k plus proches voisins et Fuzzy min max. En s'appuyant sur MATLAB, nous évaluons les performances de nos approches par des expérimentations sur la même base de données de 600 images chiffres manuscrits et imprimés. Les résultats obtenus sont très satisfaisants et donnent des améliorations en comparaison avec les systèmes de reconnaissance utilisant une seule méthode d'extraction.

5.1 Introduction

Le choix de caractéristiques est très décisif pour l'étape de reconnaissance des caractères [KB14]. Le processus d'identification de la meilleure méthode d'extraction de primitives ou le choix d'une méthode parmi autres n'est pas évident et n'est pas toujours trivial. Il est cependant nécessaire d'effectuer une évaluation expérimentale de quelques méthodes d'extraction de primitives, statistiques ou structurelles, les plus prometteuses à obtenir la bonne performance du système de reconnaissance [Med15, BCV14].

Néanmoins, il est bénéfique d'utiliser des systèmes hybrides qui combinent plusieurs méthodes d'extraction pour surmonter les faiblesses de l'une par l'autre et ainsi avoir une meilleure description du caractère à décrire [SBP15]. Par conséquent, nous avons proposé deux systèmes de reconnaissance hybrides pour la reconnaissance des chiffres manuscrits et imprimés. L'idée consiste à concaténer les vecteurs attributs de deux méthodes d'extraction de primitives, statistique et structurelle, en un seul en vue d'avoir une meilleure classification des chiffres. Les méthodes utilisées sont; méthode de Freeman améliorée, projection de profil et zonage. Les résultats de simulation utilisent la méthode kPPV et la méthode FMMC, et montrent un taux de reconnaissance des chiffres très intéressant. La même base de données (cf. figure 4.4) de 600 chiffres imprimés, manuscrits et isolés provenant de différents scripteurs est utilisée. 60 images de chaque chiffre, dont 40 sont réservées à l'apprentissage et les 20 autres sont utilisées pour le test.

5.2 Expérimentations des systèmes hybrides proposés

5.2.1 Premier système proposé

Le premier système hybride proposé dans ce travail est la combinaison de la méthode statistique projection de profil avec la méthode structurelle codage de Freeman amélioré (cf. section 4.2). La figure 5.1 illustre les étapes primordiales du système proposé pour la reconnaissance des chiffres.

L'ensemble de données passe par une série d'étapes de prétraitements en fonction de la méthode d'extraction à utiliser par la suite. Pour appliquer la méthode de projection de profil, les données doivent être converties en niveaux de gris, binarisées, détourées et normalisées. Pour la méthode de Freeman améliorée, les données doivent aussi subir les fonctions de conversion en niveaux de gris, binarisation, détourage, normalisation, détection et fermeture de contours.

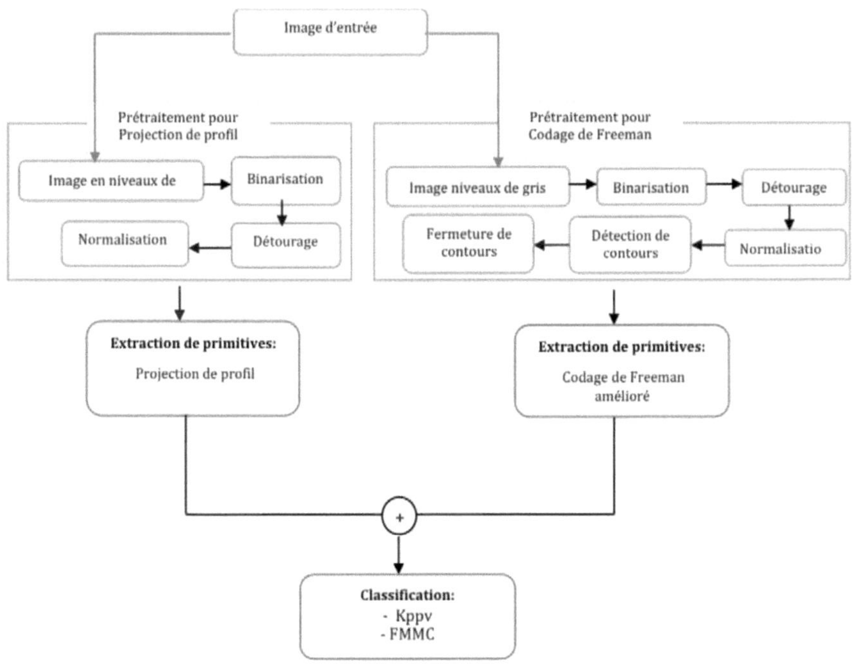

FIGURE 5.1 – Schéma de la reconnaissance des chiffres par le système hybride :projection de profil, Freeman amélioré.

Après la phase d'extraction des primitives par les deux techniques, le vecteur attribut est formé en concaténant les deux vecteurs primitifs formés par les distances de profils et la chaîne de codes de Freeman amélioré. Cette nouvelle hybridation permet d'avoir plus d'informations statistiques et structurelles sur la donnée d'entrée et éviter les ressemblances entre les chiffres.
La classification est effectuée par les deux méthodes k plus proches voisins, et Fuzzy Min Max.

5.2.1.1 Résultats expérimentaux et comparaisons

Dans un premier test, nous avons effectué plusieurs simulations pour calculer le taux de reconnaissance des chiffres en utilisant les deux méthodes d'extraction des primitives qui sont : projection de profil et codage de Freeman amélioré (24-connexités), en fonction de différentes tailles de normalisation des images chiffres.

La classification est effectuée par la méthode k plus proches voisins et Fuzzy min max.

TABLE 5.1 – Taux de reconnaissance obtenus par kPPV et FMMC en utilisant la projection de profil et Freeman amélioré.

	Projection de profil		Freeman amélioré	
Taille de normalisation	kPPV(%)	FMMC(%)	kPPV(%)	FMMC(%)
40x40	93.5%	93.5%	92.5%	93%
45x45	94%	93.5%	96.5%	96%
50x50	**95%**	**95.5%**	**96.5%**	**97.5%**
55x55	95%	94%	94%	94%

D'après le tableau 5.1, on remarque très bien que le taux de reconnaissance de la technique de Freeman amélioré dépasse considérablement celui de la technique de projection de profil en utilisant les deux méthodes de classification. Avec la taille 50×50, le taux de reconnaissance de la méthode Freeman amélioré atteint $97,5\%$ par FMMC et $96,5\%$ par kPPV, alors que par la projection de profil, il est égal à 95% et 95.5% par kPPV et FMMC respectivement.

Pour évaluer la performance de notre système proposé, qui est la combinaison de la méthode statistique projection de profil et la méthode structurelle codage de Freeman amélioré, nous avons choisi la taille de normalisation 50×50 avec laquelle les meilleurs taux de reconnaissance sont obtenus.

Le tableau 5.2 illustre le nombre d'objets qui sont bien classés pour chaque classe, le taux de reconnaissance de chaque chiffre ainsi que le taux moyen de reconnaissance par les deux méthodes de classification kPPV et FMMC.

D'après le tableau 5.2, on constate que les résultats obtenus par le système proposé sont élevés et meilleurs pour les deux techniques de classification. Cette étude montre qu'une seule méthode d'extraction des primitives est insuffisante à caractériser le chiffre. Elle peut échouer et conduire à une fausse interprétation du chiffre. Donc la combinaison de plusieurs techniques pour représenter le chiffre apparaît encourageante et de bonne utilitée. Elle permet d'avoir une information statistique sur les profils externes (projection de profil) et une information structurelle globale sur la structure interne et externe du chiffre particulier (Freeman amélioré). Cette fusion d'attributs fournit beaucoup plus de

TABLE 5.2 – Taux de reconnaissance des chiffres par le système hybride, Projection de profil-Freeman amélioré, en utilisant kPPV et FMMC.

Chiffres	Nombre d'objets bien classés par kPPV	Taux de reconnaissance par kPPV (%)	Nombre d'objets bien classés par FMMC	Taux de reconnaissance par FMMC (%)
1	20	100	20	100
2	18	90	18	90
3	20	100	19	95
4	20	100	20	100
5	19	95	19	95
6	19	95	19	95
7	20	100	20	100
8	20	100	20	100
9	20	100	20	100
0	20	100	20	100
Taux moyen	**98(%)**		**97.5(%)**	

détails sur chaque chiffre ce qui aide à caractériser de façon plus fiable le chiffre et donc avoir un taux de reconnaissance plus élevé qu'en utilisant une seule technique.

En dépit du grand nombre de primitives résultant du vecteur attribut fourni au système de reconnaissance, le temps d'exécution de la classification du système proposé reste faible. Le tableau 5.3 illustre le temps d'exécution de la classification par kPPV et FMMC des différentes méthodes d'extraction de primitives utilisées.

TABLE 5.3 – Temps d'exécution des différentes méthodes d'extraction par kPPV et FMMC.

	Projection de profil	Freeman amélioré	Système proposé
Temps d'execution par kPPV	37(s)	59(s)	90(s)
Temps d'execution par FMMC	1,62(s)	7,41(s)	10,49(s)

On remarque, d'après le tableau 5.3, que le temps d'exécution du système proposé est relativement faible. Il est inférieur à la somme des temps d'exécution des deux autres méthodes en utilisant le classifieur kPPV et un peu plus élevé en utilisant FMMC. Certes, le temps d'exécution est considérablement faible mais dans notre étude nous nous intéressons plus à la précision de la reconnaissance qu'au temps d'exécution.

Ces résultats sont publiés en **article** dans le journal « *The International Journal of Pattern Recognition and Artificial Intelligence (IJPRAI)* » [BNEM16b].

5.2.2 Deuxième système proposé

De même que le premier système proposé, nous avons étudié cette fois la combinaison de la méthode statistique zonage et la méthode structurelle codage de Freeman amélioré. La figure 5.2 illustre les étapes de reconnaissance des chiffres par ce nouveau système hybride proposé.

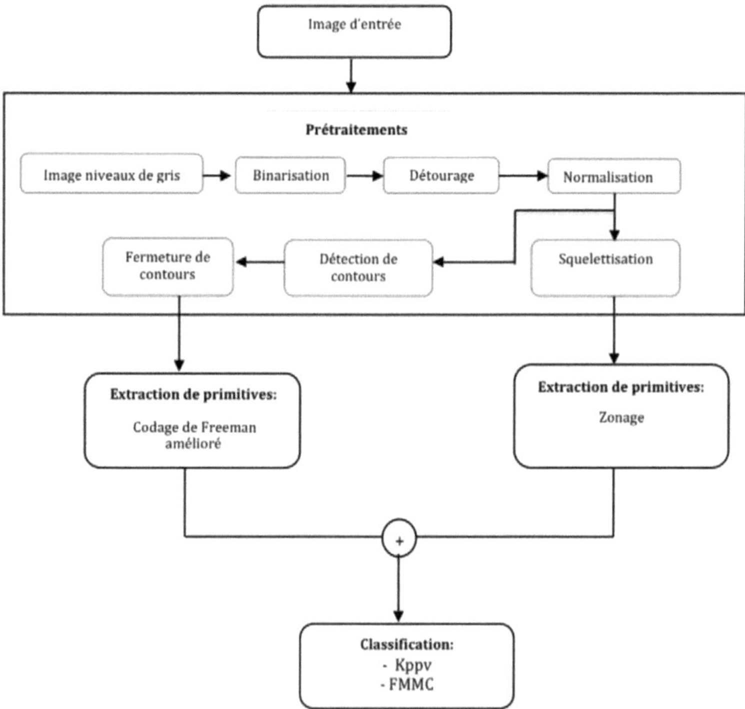

FIGURE 5.2 – Schéma de la reconnaissance des chiffres par le système hybride :zonage, Freeman amélioré.

Comme tout système de reconnaissance, on commence par la phase de prétraitement où les images chiffres sont converties en des images niveaux de gris, binarisées, détourées et normalisées à une taille prédéfinie. Par la suite, la squelettisation est appliquée aux images pour l'extraction des primitives par la méthode du zonage tandis que pour la méthode de Freeman améliorée, la détection et la fermeture de contours sont utilisées.
Après le prétraitement, l'extraction des primitives est effectuée par les deux méthodes qui sont, le zonage et le codage de Freeman amélioré. Le vecteur attribut est formé en concaténant les deux vecteurs primitifs formés par la densité de zonage et par les chaînes de codes de Freeman amélioré.
La classification est réalisée par la méthode k plus proches voisins et la méthode fuzzy min max.

5.2.2.1 Résultats expérimentaux et comparaisons

Pour valider nos contributions, nous avons utilisé la base de données constituée de 600 chiffres imprimés, manuscrits et isolés provenant de différents scripteurs dont un extrait est représenté dans la figure 4.4.

Dans un premier test, nous avons effectué plusieurs simulations pour calculer le taux de reconnaissance des chiffres en utilisant les deux méthodes d'extraction des primitives qui sont : zonage et codage de Freeman améliorée (24-connexités), en fonction de différentes tailles de normalisation des images chiffres. La classification est effectuée par la méthode k plus proches voisins et Fuzzy min max.

TABLE 5.4 – Taux de reconnaissance obtenus par kPPV et FMMC en utilisant le zonage et Freeman amélioré.

	Zonage		Freeman amélioré	
Taille de normalisation	kPPV(%)	FMMC(%)	kPPV(%)	FMMC(%)
40x40	91.5%	92.5%	92.5%	93%
45x45	92%	92.5%	96.5%	96%
50x50	**93%**	**94%**	**96.5%**	**97.5%**
55x55	92%	92.5%	94%	94%

D'après le tableau 5.4, on constate que le taux de reconnaissance de la méthode Freeman améliorée dépasse largement le taux de la méthode de zonage pour toute taille de normalisation des images chiffres et en utilisant les deux méthodes de classification. Avec la taille 50×50, le taux de reconnaissance de la méthode Freeman améliorée atteint $97,5\%$ par FMMC et $96,5\%$ par kPPV, alors que par la méthode de zonage, il est égal à 93% par kPPV et 94% par FMMC. On déduit de ce résultat que la méthode structurelle Freeman améliorée, basée sur la détection de contours, est plus appropriée à caractériser les images des chiffres et elle conduit à une meilleure reconnaissance et classification des différents chiffres.

Les résultats de classification du système hybride proposé par les méthodes de classification kPPV et FMMC sont présentés dans le tableau 5.5 qui illustre le nombre d'objets bien classés pour chaque classe, le taux de reconnaissance de chaque chiffre par kPPV et FMMC ainsi que le taux moyen de reconnaissance. Chaque classe contient 20 objets.

TABLE 5.5 – Taux de reconnaissance des chiffres par le système hybride, zonage-Freeman amélioré, en utilisant kPPV et FMMC.

Chiffres	Nombre d'objets bien classés par kPPV	Taux de reconnaissance par kPPV (%)	Nombre d'objets bien classés par FMMC	Taux de reconnaissance par FMMC (%)
1	20	100	20	100
2	18	90	19	95
3	20	100	20	100
4	20	100	20	100
5	19	95	18	90
6	19	95	19	95
7	20	100	20	100
8	20	100	20	100
9	18	90	20	100
0	20	100	20	100
Taux moyen	**97(%)**		**98(%)**	

Le tableau 5.5 montre que les taux de reconnaissance du système hybride obtenus par les deux méthodes de classification sont encourageants. Cette approche de combinaison des vecteurs attributs de deux différentes catégories de méthodes d'extraction permet de caractériser le chiffre de manière plus fiable et donc d'avoir un taux de reconnaissance supérieur à celui obtenu par une seule technique. Cette hybridation nous a permis d'avoir des informations internes par le zonage et des informations externes par la chaîne des codes de Freeman amélioré.

Le tableau 5.6 illustre le temps d'exécution de la classification par kPPV et FMMC en utilisant le zonage, le codage de Freeman amélioré et le système hybride. On remarque d'après ce tableau que le temps d'exécution du système hybride proposé est faible. Il est inférieur même à la somme des temps d'exécution de la méthode du zonage et de Freeman amélioré.

TABLE 5.6 – Temps d'exécution du système hybride par kPPV et FMMC.

	Zonage	Freeman amélioré	Système proposé
Temps d'execution par kPPV	16(s)	59(s)	67(s)
Temps d'execution par FMMC	3(s)	7,41(s)	8,7(s)

Ces résultats ont été communiqués lors de la conférence *« The International Conference on Wireless Technologies embedded and intelligent Systems (WITS-2016)»* [BNEM16a].

5.3 Conclusion

Dans une optique d'amélioration du système de reconnaissance, nous avons conçu dans ce chapitre deux différents systèmes hybrides pour la reconnaissance des chiffres. Chaque système de reconnaissance proposé passe par les trois principales phases : prétraitement, extraction des primitives et classification. Les différentes étapes de prétraitement appliquées aux images chiffres dépendent de la méthode d'extraction utilisée. Pour la phase d'extraction des primitives, nous avons combiné les vecteurs attributs de deux différentes techniques statistiques et structurelles en un seul vecteur attribut contenant à la fois des caractéristiques internes et externes sur les chiffres. Pour cela, nous avons étudié deux combinaisons; la première est la méthode de Freeman améliorée avec la projection de profil tandis que la deuxième est la méthode de Freeman améliorée avec le zonage. La classification est effectuée par la méthode des k plus proches voisins et la méthode Fuzzy Min Max Classification. Les résultats des différentes simulations montrent une nette amélioration du taux de reconnaissance et confirment la bonne performance des systèmes hybrides proposés.

En vue de réduire la taille du vecteur attribut et améliorer le taux de reconnaissance, la sélection des attributs par approches évolutionnistes fait l'objet du chapitre suivant où nous présentons les différentes étapes des algorithmes utilisés ainsi que les résultats obtenus.

Chapitre 6

Reconnaissance de caractères basée sur des approches évolutionnistes

Nous présentons, dans ce chapitre, deux nouvelles approches de sélection des attributs, la première basée sur une approche génétique et la deuxième basée sur la stratégie d'évolution. L'objectif commun est l'optimisation du choix des attributs par la minimisation ou maximisation d'une fonction coût. Ce vecteur optimal est utilisé à l'entrée du classifieur. Dans un premier temps, nous formalisons le problème de sélection des attributs en présentant les différentes étapes associées à l'exécution de chaque approche. Nous évaluons ensuite, les performances de nos approches de sélection des attributs par quelques résultats expérimentaux. Les résultats obtenus sont très encourageants et confirment les bonnes performances des algorithmes (AG et SE) étudiés pour la sélection des attributs.

6.1 Introduction

La classification des objets nécessite une sélection robuste des attributs qui permettent de bien discriminer les classes représentatives de différents objets dans l'espace d'attributs [DFMD14, Nas04].

En vue de concevoir une bonne classification des caractères, il est très considérable de sélectionner parmi l'ensemble des attributs extraits lors de la phase d'extraction des primitives ceux jugés les plus pertinents et les plus représentatifs. Ce choix "optimal" conduit à une rapidité de décision et peut jouer, pour la classification, le rôle de filtre face au bruit apporté par les attributs non représentatifs. Pour cela, il existe plusieurs méthodes et outils de sélection des attributs parmi lesquels les approches évolutionnistes ont connu un intérêt indéniable à la résolution des problèmes d'optimisation.

Dans nos contributions, nous nous sommes focalisés sur l'optimisation du vecteur attribut par l'algorithme génétique et la stratégie d'évolution grâce à leur grande efficacité et leur utilité. Nous présentons dans ce travail deux méthodes de sélection des attributs qui optimisent le choix des paramètres par la maximisation ou minimisation d'une fonction coût. La première est basée sur une approche génétique alors que la deuxième est basée sur le principe des stratégies d'évolution. Nos contributions ciblent en particulier le choix de la fonction d'évaluation (fitness function) ainsi que les mécanismes évolutionnistes qui sont la sélection et la mutation.

6.2 Sélection des attributs par algorithme génétique

6.2.1 Formalisation du problème de sélection des attributs par approche génétique

6.2.1.1 Eléments descriptifs

Considérons un ensemble de M objets $(I_1, I_2, \cdots, I_i, \cdots, I_M)$ caractérisés par N paramètres regroupés sous la forme d'un vecteur ligne $V_{init} = (a_1 a_2 \cdots a_j \cdots a_N)$. Soit $R_i = (a_{ij})_{1<j<N}$ un vecteur ligne de $\mathbb{R}^N$ dont la $j^{ème}$ composante a_{ij} est la valeur prise par l'attribut a_j sur l'objet I_i. Soit $E_V = \{a_1, a_2, \cdots, a_j, \cdots, a_N\}$ l'ensemble formé par les attributs. Soit mat_va la matrice d'observations de M lignes (représentant les objets I_i) et de N colonnes (représentant les attributs a_j), définie par :

$$mat\_va = (a_{ij})_{\substack{1 \leq i \leq M \\ 1 \leq j \leq N}}$$

V_{init} est le vecteur attribut initial, R_i est l'observation associée à l'objet I_i ou la réalisation du vecteur attribut initial pour cet objet, $\mathbb{R}^N$ est l'espace d'observations ou l'espace des paramètres et mat_va la matrice d'observations associée à V_{init}, la $i^{ème}$ ligne de mat_va est la réalisation R_i, chaque réalisation appartient à une classe $(CL_s)_{1 \leq s \leq C}$.

- col_{a_j} est le vecteur de dimension M associé à l'attribut a_j, défini par :

$$col_{a_j} = (a_{ij})_{1 \leq i \leq M} = j^{iéme} \, colonne \, de \, mat\_va \tag{6.1}$$

- m_{a_j} est la moyenne de l'attribut a_j, définie par :

$$m_{a_j} = \frac{1}{M} \sum_{i=1}^{M} a_{ij} \tag{6.2}$$

- $V_{(m)}$ est le vecteur des moyennes de chaque attribut, défini par :

$$V_{(m)} = (m_{a_j})_{(1 \leq j \leq N)} \tag{6.3}$$

- $m_{(a_j, CL_s)}$ est la moyenne de l'attribut a_j des réalisations de la classe CL_s, définie par :

$$m_{(a_j, CL_s)} = \frac{1}{card(CL_s)} \sum_{\substack{i \\ R_i \in CL_s}} a_{ij} \tag{6.4}$$

  $card(CL_s)$ est le cardinal de CL_s

- $V_{(m, CL_s)}$ est le vecteur des moyennes de chaque attribut des réalisations de la classe CL_s, défini par :

$$V_{(m, CL_s)} = (m_{(a_j, CL_s)})_{(1 \leq j \leq N)} \tag{6.5}$$

- σ_{a_j} est l'écart-type de l'attribut a_j, défini par :

$$\sigma_{a_j} = [\frac{1}{M} \sum_{i=1}^{M} (a_{ij} - m_{a_j})^2]^{1/2} \tag{6.6}$$

- La matrice de variance totale $T_{(V_{init})}$ associée au vecteur attribut V_{init}, est définie par :

$$T_{V_{init}} = \frac{1}{M}\sum_{i=1}^{M}(R_i - V_{(m)})(R_i - V_{(m)})^t \tag{6.7}$$

- La matrice intra-classe $W_{(V_{init})}$ associée au vecteur attribut V_{init}, est définie par :

$$W_{(V_{init})} = \frac{1}{M}\sum_{s=1}^{C}\sum_{\substack{i \\ R_i \in CL_s}} (R_i - V_{(m,CL_s)})(R_i - V_{(m,CL_s)})^t \tag{6.8}$$

$W_{(V_{init})}$ est la somme des matrices de covariance de chacune des classes et représente une mesure de compacité des classes. Elle est appelée aussi la matrice de compacité.

- La matrice inter-classe $B_{(V_{init})}$ associée au vecteur attribut V_{init}, est définie par :

$$B_{(V_{init})} = T_{V_{init}} - W_{V_{init}} \tag{6.9}$$

$B_{(V_{init})}$ représente une mesure de séparabilité des classes. Elle est appelée aussi la matrice de séparabilité.

Ces trois matrices sont liées par la relation suivante :

$$T_{(V_{init})} = W_{(V_{init})} + B_{(V_{init})} \tag{6.10}$$

Ces trois matrices sont toutes de dimension N et servent souvent à établir un critère qui mesure le pouvoir discriminant d'un espace d'attributs [Van00].

6.2.1.2 Codage proposé

Soit un vecteur attribut initial $V_{init} = (a_1 a_2 \cdots a_j \cdots a_N)$ et de M réalisations $(R_i)_{1 \leq i \leq M}$ de ce vecteur attribut. Chaque réalisation R_i, qui est associée à l'objet I_i, appartient à une classe $(CL_s)_{1 \leq s \leq C}$. Le nombre de classes C est connu a priori.

La sélection des attributs consiste à trouver le vecteur attribut $V_k (k \in N^*)$ de dimension q extrait de V_{init} de dimension N, tel que $(q \ll N)$. Les q attributs à sélectionner par les N attributs initiaux seront supposés les plus pertinents au sens des performances de la classification.

V_k est associé au chromosome chr_k de N gènes binaires g_{kj}, donc chr_k est un vecteur ligne de dimension N. Chaque gène g_{kj} code la présence ou l'absence du paramètre a_j dans le vecteur attribut V_k [Nas04].

$$chr_k = (g_{kj})_{1 \leq j \leq N} \tag{6.11}$$

Avec :

$$g_{kj} = \begin{cases} 1 & \text{si } a_j \in V_k \\ 0 & \text{sinon} \end{cases}$$

Le vecteur V_k codé par chr_k, ne peut être une solution possible au problème à résoudre que si cette contrainte est verifiée :

$$Dim(V_k) = \sum_{j=1}^{N} g_{kj} = q$$

Tout chromosome codant un vecteur attribut qui ne respecte pas cette contrainte, sera éliminé par l'algorithme génétique. Dans ce cadre, nous proposons de modifier aléatoirement les gènes de ce chromosome dans la population concernée jusqu'à ce que la contrainte soit vérifiée.

Exemple :

Si $N = 4$, $V_{init} = (a_1\, a_2\, a_3\, a_4)$, $q = 2$ et $V_k = (a_2\, a_4)$

alors $E_{V_k} = \{a_2, a_4\}$ et $chr_k = (0\,1\,0\,1)$.

6.2.1.3 Fonction sélective adéquate

Il existe dans la littérature plusieurs critères pour la sélection des attributs. Ces critères de sélection ou de discrimination ont pour but de mesurer le pouvoir discriminant d'un ensemble d'attributs à partir des mesures statistiques sur l'échantillon d'apprentissage en utilisant les matrices de variance totale, intra- classe et inter-classe. Parmi la longue liste des critères proposés dans les ouvrages [Van00] on cite ; critère d'Auray, critère de Hotling, critère de la Trace, critère de séparabilité et compacité [NJEH+01].

Dans notre étude, nous avons utilisé le critère de la Trace afin de calculer la valeur sélective du chromosome *chr*. Le pouvoir discriminant de V_k est estimé par :

$$J_{Trace}(q, V_k) = trace(T_{(V_k)}^{-1} B_{(V_k)}) = \sum_i \lambda_i (T_{(V_k)}^{-1} B_{(V_k)}) \tag{6.12}$$

$trace(X)$ est la trace de la matrice X.
$\lambda_i(X)$ est la $i^{ème}$ valeur propre de la matrice A
Ce critère est à maximiser : plus la valeur de J_V est grande plus V_k est discriminant.

6.2.1.4 Opérateurs génétiques utilisés

Nous avons adopté pour la phase de sélection, la stratégie de sélection par rangement qui consiste à ranger les chromosomes par ordre croissant de leur valeur sélective et pour la phase de reproduction (croisement et mutation) la stratégie élitiste qui consiste à garder intact le meilleur chromosome de la population afin de constituer la population de la génération suivante.

6.2.1.5 Algorithme génétique proposé

En se basant sur le principe de l'algorithme génétique de base, nous avons apporté quelques modifications à cet algorithme afin de l'adapter à la résolution de notre problème. Les différentes étapes de sélection des attributs par approche génétique sont présentées dans l'algorithme 7 ci-après :

Algorithme 7 Sélection des attributs par algorithme génétique

Initialisation

1 : Fixer :

- Taille de la population $maxpop = 20$
- Taille du chromosome $l=11$
- Nombre maximal de génération $maxgen = 20$
- Nombre de classes C
- Nombre q de paramètres à sélectionner ($q = 3$)
- Probabilité de croisement P_c ($P_c = 0.9$)
- Probabilité de mutation P_m ($P_m = 0.005$)

2 : Génération aléatoire de la population initiale pop.

$$P = \{chr_1, \cdots, chr_k, \cdots, chr_{maxpop}\}.$$

3 : Vérification de la contrainte suivante pour chaque chr de pop :

$$\sum_{j=1}^{N} g_{kj} = q \qquad ; \qquad k = 1, 2, \cdots, maxpop$$

(Tout chromosome chr de pop ne satisfaisant pas cette condition est éliminé et remplacé par un autre vérifiant cette dernière)

4 : Calcul de la valeur sélective $F(chr)$ pour chaque chromosome chr de pop

Répéter :

1. Sélection par rang
2. Croisement à un point
3. Mutation simple
4. Calcul de la valeur sélective $F(chr)$ pour chaque chr de la nouvelle pop

Jusqu'à nombre de générations $> maxgen$

6.2.2 Résultats expérimentaux et évaluations

La sélection des attributs les plus pertinents au sens des performances de la classification, dépend des données à classer [NJEH+01]. Dans ce cadre, nous avons considéré deux expérimentations tenant compte de la nature des caractères, chiffres et lettres, à

classer. Ces expérimentations sont réalisées pour $q = 3$. La valeur de q retenue est d'une part comparable au nombre de classes que nous avons (trois classes) et d'autre part elle garde la précision de la classification avec un nombre d'attributs réduit.
Le vecteur attribut initial, composé de 11 paramètres (cf. section 1.3.1.1), que nous avons retenu pour les deux expérimentations est le suivant :

$$V = [H, L, R, D, comp, G_x, G_y, M_x, M_y, M_{xy}, \theta]$$

Afin d'évaluer les performances de nos expérimentations, nous avons utilisé la méthode des k plus proches voisins comme méthode de classification.

6.2.2.1 Première expérimentation : caractères chiffres

Nous avons choisi pour ce test 120 images des chiffres imprimés et manuscrits (figure 6.1) réparties en trois classes (chiffre 1, chiffre 2 et chiffre 6). Chaque classe contient 40 images.

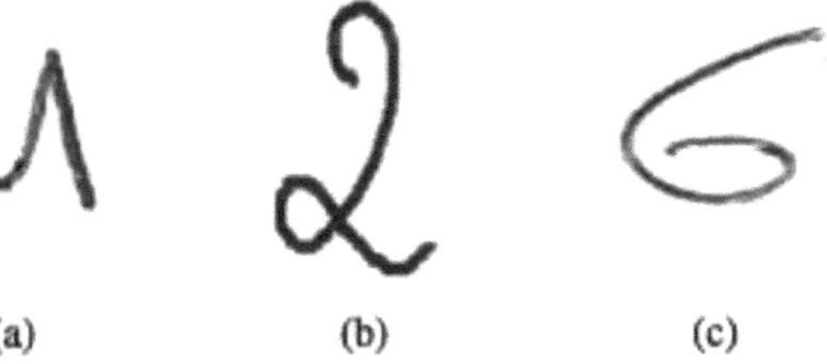

FIGURE 6.1 – Trois images test représentant les trois classes des chiffres.

L'exécution de l'AG s'effectue rapidement. La figure 6.2 illustre l'évolution de la valeur sélective du meilleur chromosome de la population courante au fur et à mesure des générations. Après l'exécution de l'algorithme génétique pour optimiser le vecteur attribut initial, nous avons trouvé que le vecteur attribut optimal V_{op} est :

$$V_{op} = (G_y \quad M_x \quad M_y)$$

Les résultats de la classification des classes des images test dans l'espace (G_y, M_x, M_y) données par le classifieur kPPV sont les suivants :

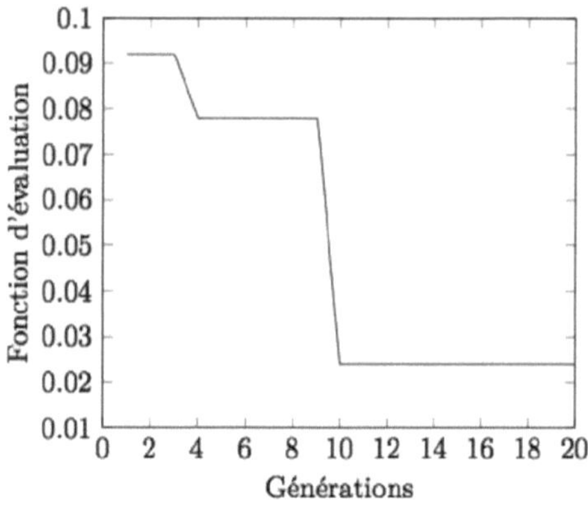

FIGURE 6.2 – Évolution de la valeur sélective en fonction des générations.

$C1 = \{I1, I2, I3, I4, I5, I6, I7, I8, I9, I10\}$

$C2 = \{I11, I12, I13, I14, I15, I16, I17, I18, I19, I20, I21, I22\}$

$C3 = \{I23, I24, I25, I26, I27, I28, I29, I30\}$

Les résultats obtenus montrent que les trois paramètres sélectionnés permettent une bonne séparation des trois classes. En effet, toutes les images ont été correctement affectées aux classes correspondantes, à l'exception de deux images qui ont été mal classées (deux chiffres de la classe 3 sont classés dans la classe 2). La séparation des trois classes est donc réalisée avec un taux d'erreur faible égal à 6.67%.

6.2.2.2 Deuxième expérimentation : caractères lettres

Nous avons choisi pour ce deuxième test 120 images des lettres imprimés et manuscrits (figure 6.3) réparties en trois classes (lettre d, lettre e et lettre f). Chaque classe contient 40 images.

L'exécution de l'AG s'effectue rapidement. La figure 6.4 illustre l'évolution de la valeur sélective du meilleur chromosome de la population courante au fil des générations. On remarque que la fonction d'évaluation commence à se stabiliser après un nombre très faible de générations (< 5).

Après l'exécution de l'algorithme génétique, le vecteur attribut optimal V_{op} résultant est aussi :

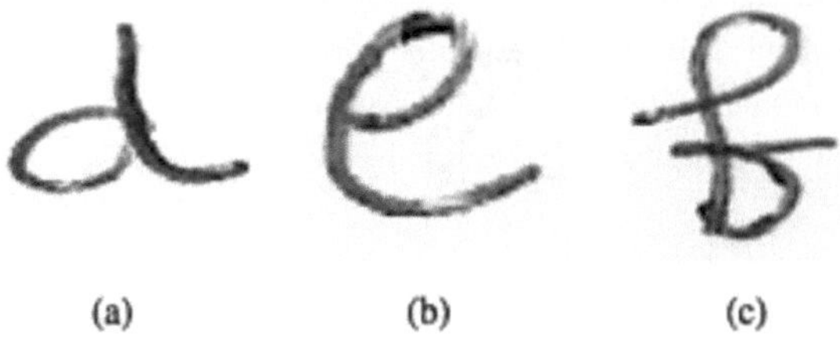

FIGURE 6.3 – Trois images test représentant les trois classes des lettres.

$$V_{op} = (G_y \quad M_x \quad M_y)$$

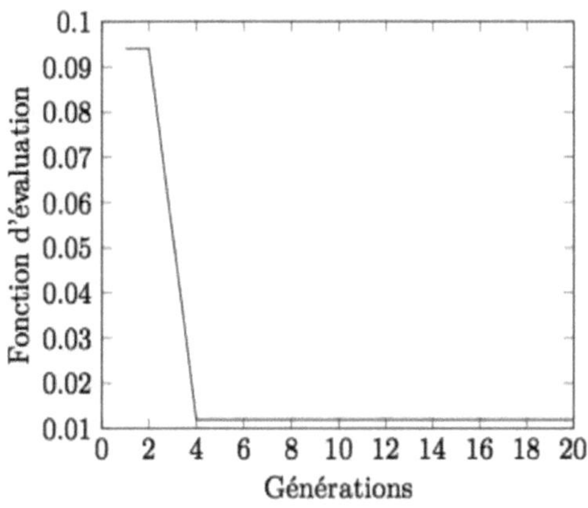

FIGURE 6.4 – Évolution de la valeur sélective en fonction des générations.

Les résultats de ce test montrent que le vecteur attribut optimal proposé rend très efficace la discrimination. Les trois paramètres sélectionnés permettent une bonne séparation des trois classes. En effet, toutes les images test ont été bien classées, sauf une seule. Ceci est traduit par un taux d'erreur faible égal à 3.33%.

Le tableau 6.1 regroupe les résultats obtenus par les deux expériences. On constate que le vecteur d'attributs optimal proposé G_y, M_x et M_y, rend très efficace la discrimination entre les classes et par conséquent l'algorithme génétique proposé a amélioré favorablement les taux de reconnaissance des caractères.

Suite aux deux expérimentations réalisées, on déduit des résultats obtenus les bonnes performances de la méthode de sélection des attributs présentée. En effet, le vecteur attribut optimal résultant, dans chaque expérimentation, est suffisamment représentatif puisque ses composantes permettent une bonne séparation des classes des différents caractères, ce qui est traduit par des taux d'erreurs faibles et donc un taux de reconnaissance bien meilleur.

TABLE 6.1 – Taux de reconnaissance des chiffres et des lettres avant et après l'optimisation du vecteur attribut initial par AG.

	Taux de reconnaissance des chiffres	**Taux de reconnaissance des lettres**
Vecteur attribut initial (11 paramètres)	86,67%	93,33%
Vecteur attribut optimal (3 paramètres)	**93,33%**	**96,67%**

Ces résultats ont été communiqués lors de la conférence *«13th International Conference on Computer Graphics, Imaging and Visualization (CGIV-2016)»* [BNA^{+}16].

6.3 Sélection des attributs par stratégie d'évolution

6.3.1 Formalisation du problème de sélection des attributs

Les attributs extraits lors de la phase d'extraction de primitives par les différentes méthodes ; projection de profil (cf. section 1.3.1.3), zonage (cf. section 1.3.1.2) et Freeman amélioré (cf. section 4.2), sont d'un nombre assez élevé, chose qui nous laisse contempler s'ils sont tous représentatifs et pertinents à caractériser les différents caractères.

Rigoureusement, plus il y a de primitives plus il y' aura une bonne distinction entre les formes des différentes classes. Néanmoins, le fait d'avoir des primitives redondantes ou non pertinentes conduisent à une mauvaise classification. De ce fait, il appert qu'il est utile d'effectuer la sélection des attributs permettant de choisir un sous-ensemble minimum de d attributs à partir de l'ensemble initial de D attributs ($d \leq D$), afin de réduire au minimum le nombre de primitives sélectionnées et minimiser l'erreur de classification.

Dans ce cadre, nous avons proposé une nouvelle méthode de sélection des attributs basée sur le principe des algorithmes des stratégies d'évolution. Notre contribution cible en particulier le choix de la fonction d'évaluation ainsi que les deux mécanismes évolutionnistes qui sont la sélection et la mutation.

6.3.1.1 Codage adopté

L'algorithme SE admet un codage réel qui permet d'une part de maintenir la nature des variables décrivant le problème et d'autre part d'éviter le temps de calcul à allouer pour un processus de codage/décodage.

6.3.1.2 Fonction sélective proposée

Afin d'estimer l'adéquation de la population par rapport à notre problème à résoudre, nous devons associer à chaque chromosome une valeur de performance calculée par une fonction d'évaluation. Dans ce cadre, nous avons choisi d'évaluer les chromosomes en se basant sur le taux de reconnaissance obtenu par la méthode de classification k plus proches voisins en utilisant la distance de Manhattan (cf. section 2.2). Ce choix est relatif aux bons résultats de reconnaissance acquis par le classifieur kPPV le long des expériences réalisées.

6.3.1.3 Opérateurs de sélection et de mutation proposés

Les mécanismes évolutionnistes, sélection et mutation, entrent en jeu afin d'explorer et exploiter le plus largement possible l'espace de recherche et faire évoluer la population de manière progressive.

Notre vision sur ces deux opérateurs, est que les bonnes solutions sont supposées être les plus prometteuses pour la génération des descendants. L'opérateur de sélection appliqué repose sur le principe de la méthode élitiste qui consiste à sélectionner les n chromosomes nécessaire à la nouvelle génération. Les n meilleurs chromosomes de la population initiale sont triés de manière décroissante selon leur fonction d'évaluation.

Pour l'opérateur de mutation, la première étape consiste à tirer aléatoirement la position *pos* d'un gène parmi l'ensemble des gènes constituant le chromosome. Par la suite, on modifie le gène en position *pos* du chromosome fils par la valeur du gène du premier chromosome séléctionné étant considéré le meilleur qui représente la plus bonne solution. Cette opération introduit une diversité nécessaire à l'exploration de l'espace de recherche.

6.3.1.4 Algorithme de stratégie d'évolution proposé

Pour choisir les chromosomes (parents) de la population qui vont être mutés pour générer d'autres chromosomes (fils), nous avons adopté la technique de choix par rangement qui consiste à ranger les chromosomes par ordre décroissant en fonction de leur valeur sélective et la technique élitiste qui consiste à garder intact le meilleur chromosome de la population lors du passage d'une génération à l'autre.

Les différentes étapes de sélection des attributs par approche de stratégie d'évolution adoptée sont présentées dans l'algorithme 8 ci-après :

Algorithme 8 Sélection des attributs par approche de stratégie d'évolution proposée

Initialisation

1 : Fixer :

- Taille de la population *maxpop*
- Taille du chromosome l
- Nombre maximal de génération *maxgen*
- Nombre de classes C
- Nombre q de paramètres à sélectionner

2 : Générer aléatoirement la population initiale *pop*.

$$P = \{chr_1, \cdots, chr_k, \cdots, chr_{maxpop}\}.$$

3 : Calculer la valeur sélective $F(chr)$ pour chaque chromosome *chr* de *pop*

Répéter :

1. Sélectionner la nouvelle population à partir de l'ancienne en utilisant la stratégie de sélection par rang proposée
2. Appliquer l'opérateur de mutation proposé
3. Remplacer l'ancienne population par la nouvelle
4. Calculer la valeur sélective *F(chr)* de la nouvelle *pop*

Jusqu'à nombre de générations $>$ *maxgen*

6.3.2 Résultats expérimentaux et évaluations

6.3.2.1 Première expérimentation

En vue de tester les performances de l'application de notre approche de sélection par SE proposée, nous avons realisé l'expérimentation déjà traitée en section 6.2.2 par AG sur des images chiffres et lettres en utilisant les 11 caractéristiques statistiques. Le nombre de paramètres retenu est $q=3$.

Après l'exécution de l'algorithme de stratégie d'évolution pour optimiser le vecteur attribut initial, nous avons trouvé que le vecteur attribut optimal V_{op} pour le cas des images chiffres est :

$$V_{op} = (G_x \quad M_x \quad M_y)$$

Et pour le cas des images lettres, deux vecteurs attributs optimals V_{op} sont obtenus :

$$V_{op} = (G_x \quad G_y \quad M_y)$$

et

$$V_{op} = (G_y \quad M_x \quad M_y)$$

Le tableau 6.2 illustre les résultats de classification obtenus par les deux expériences avant et aprés la phase de sélection des attributs par SE.

TABLE 6.2 – Taux de reconnaissance des chiffres et des lettres avant et après l'optimisation du vecteur attribut initial par SE.

	Taux de reconnaissance des chiffres	**Taux de reconnaissance des lettres**
Vecteur attribut initial (11 paramètres)	86,67%	93,33%
Vecteur attribut optimal (3 paramètres)	**96,67%**	**96,67%**

D'après le tableau 6.2, et suite aux deux expérimentations réalisées, on déduit des résultats obtenus, les bonnes performances de l'approche de sélection des attributs par SE présentée. En effet, les vecteurs attributs optimals résultants, sont suffisamment représentatifs et permettent une bonne séparation des classes des différents caractères avec des taux d'erreurs faibles.

En comparaison avec les taux de reconnaissance obtenus par application de l'algorithme génétique, on constate que le vecteur attribut optimal proposé par l'approche de stratégie dévolution pour les images chiffres, a amélioré favorablement le taux de reconnaissance par rapport à celui obtenu par AG (égal à 93.33%) tandis que pour les images lettres, le taux est identique, il est égal à 96.67%.

L'exécution de notre approche basée sur les stratégies d'évolution s'effectue rapidement. La figure 6.5 et la figure 6.6 illustrent l'évolution de la valeur sélective du meilleur chromosome de la population courante au fur et à mesure des générations pour l'expérimentation des images chiffres et des images lettres respectivement.

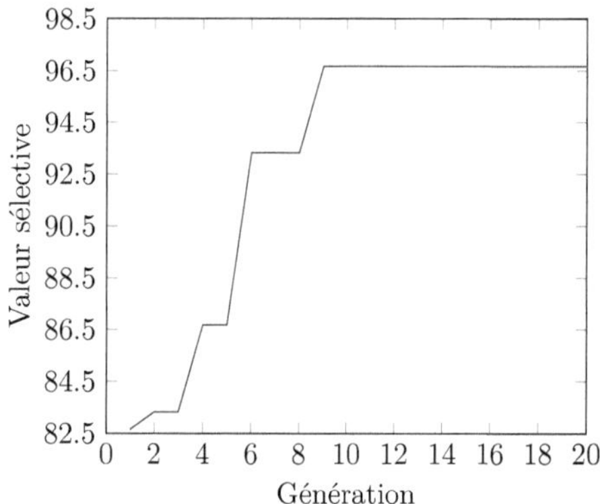

FIGURE 6.5 – Évolution de la valeur sélective au fil des générations (caractères chiffres).

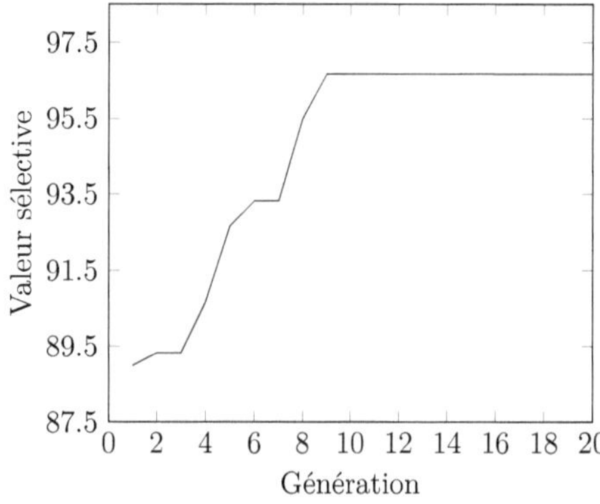

FIGURE 6.6 – Évolution de la valeur sélective au fil des générations (caractères lettres).

6.3.2.2 Deuxième expérimentation

Pour valider notre approche de sélection, nous avons utilisé la base de données constituée de 600 chiffres imprimés, manuscrits et isolés provenant de différents scripteurs dont un extrait est présenté dans la figure 4.4. La base de données utilisée est scindée en deux parties, 400 images de chiffres pour l'apprentissage et 200 images de chiffres pour le test. Les classes sont équiprobables.

Le tableau 6.3 reprend les divers résultats des méthodes d'extraction de primitives utilisées pour la reconnaissance des chiffres en plus du nombre d'attributs (N) de chaque méthode.

TABLE 6.3 – Nombre d'attributs et taux de reconnaissance des chiffres obtenus par kPPV et FMMC en utilisant différentes méthodes d'extraction des primitives.

	Zonage			Projection de profil			Freeman amélioré		
Taille de normalisation	N	kPPV	FMMC	N	kPPV	FMMC	N	kPPV	FMMC
40x40	**32**	91.5%	92.5%	**160**	93.5%	93.5%	**280**	92.5%	93%
45x45	**45**	92%	92.5%	**180**	94%	93.5%	**305**	96.5%	96%
50x50	**50**	93%	94%	**200**	95%	95.5%	**340**	96.5%	97.5%
55x55	**55**	92%	92.5%	**220**	95%	94%	**365**	94%	94%

En vue de réduire le nombre important des primitives extraites à partir des techniques d'extraction utilisées (cf. Tableau 6.3), nous avons appliqué la sélection des attributs par l'algorithme de stratégie d'évolution proposé. Dans ce test, plusieurs expériences ont été effectuées afin de déterminer le nombre adéquat de primitives (N') à sélectionner tout en améliorant le taux de reconnaissance des chiffres (T) obtenu avant d'appliquer la phase de sélection.

Rappelons que le nombre de paramètres du vecteur attribut de chacune des méthodes d'extraction des primitives utilisées sont ; 50 attributs pour le zonage, 200 pour la projection de profil et 340 pour Freeman amélioré.

D'après le tableau 6.4, on remarque très bien que notre approche de sélection des attributs proposée donne de bons résultats pour les trois techniques d'extraction de primitives. Le nombre de primitives est bien réduit tout en améliorant la performance de la classification de notre système de reconnaissance des chiffres. Les taux de reconnaissance

TABLE 6.4 – Taux de reconnaissance par kPPV en fonction du nombre des attributs à sélectionner pour les différentes techniques d'extraction des primitives.

Zonage		Projection de profil		Freeman amélioré	
N'	T	N'	T	N'	T
25	90%	90	96.5%	100	96%
35	93.5%	95	96.5%	125	97%
40	**94%**	98	96%	138	97%
42	93%	**100**	**97%**	**140**	**98%**
48	94%	110	96.5%	160	98%

avec sélection des attributs dépassent ceux obtenus avant la sélection.

Dans un second test, nous nous sommes basés sur le vecteur attribut réduit de chaque méthode d'extraction pour calculer le taux de reconnaissance des chiffres en utilisant en plus de kPPV, les méthodes de classification FMMC et PMC. Pour la classification par perceptron multicouches, plusieurs expériences ont été menées afin de déterminer le nombre adéquat de neurones de la couche cachée qui donne le meilleur taux de reconnaissance.

Le tableau 6.5 récapitule l'influence de l'approche proposée sur le nombre de primitives *(N)* et les taux de reconnaissance *(T)* obtenus par kPPV, FMMC et PMC.

TABLE 6.5 – Taux de reconnaissance obtenus avant et après la phase de sélection des attributs par SE.

	Avant phase de sélection				**Après** phase de sélection			
	N	(T) kPPV	(T) FMMC	(T) PMC	N	(T) kPPV	(T) FMMC	(T) PMC
Zonage	**50**	93%	94%	93.5%	**40**	94%	91.5%	91%
Projection de profil	**200**	95%	95.5%	95.5%	**100**	97%	97%	96.5%
Freeman amélioré	**340**	96.5%	97.5%	87%	**140**	98%	96%	80.5%

On constate que les taux de reconnaissance obtenus après la phase de sélection des attributs se sont améliorés par au moins une méthode de classification, comme est le cas pour la méthode de Freeman améliorée et le zonage, tandis que pour la technique de projection de profil, les taux sont meilleurs par les trois classifieurs. Pour la méthode de zonage, le nombre d'attributs est déjà faible (égal à 50), et le fait de le réduire davantage risque la perte d'informations, ce qui a diminué le taux de reconnaissance en utilisant FMMC et PMC.

A partir de ces expérimentations, nous pouvons remarquer que la sélection des attributs par notre approche basée sur la stratégie d'évolution donne, avec un nombre bien réduit des attributs, des résultats meilleurs par rapport à ceux obtenus sans la phase de sélection. Ceci dit que le vecteur attribut peut contenir effectivement des attributs non pertinents, non représentatifs qui nuisent à une mauvaise classification.

Ces résultats sont publiés en **article** dans le journal *« The International Journal of Image and Graphics (IJIG)»*.

6.4 Conclusion

Nous avons proposé dans ce chapitre deux approches de sélection des attributs basées sur les méthodes évolutionnistes. Les deux approches ont pour objectif de réduire le vecteur de primitives de base afin de n'en conserver que les composantes les plus discriminantes. Premièrement, nous avons traité les différentes étapes d'optimisation du vecteur attribut par approche génétique en utilisant le critère de la Trace. Pour valider l'approche, nous avons envisagé deux expérimentations sur quelques images des chiffres et des lettres. Les résultats obtenus sont encourageants. Deuxièmement, nous avons décrit l'approche de sélection des attributs basée sur le principe des stratégies d'évolution. Nous avons défini la fonction sélective et les opérateurs évolutionnistes utilisés. Les résultats des études effectuées sur la base des images chiffres par les différentes méthodes d'extraction de primitives et de classification rejoignent les résultats des systèmes proposés et confirment l'efficacité et le besoin de la sélection des attributs qui est traduit par une amélioration des taux de reconnaissance. Finalement, l'objectif de la sélection des attributs par les deux approches évolutionnistes a été atteint ; le nombre d'attribut est réduit tout en améliorant le taux de reconnaissance des images étudiés.

Conclusion générale et perspectives

Le travail présenté dans ce manuscrit s'inscrit dans le cadre de la reconnaissance automatique hors ligne de l'écriture manuscrite et imprimée. Au cours de cette thèse, nous avons proposé des améliorations de quelques approches relatives aux caractéristiques des images de caractères décisives à la classification. L'extraction et la sélection des paramètres les plus représentatifs et pertinents constituent l'étape jugée la plus critique et délicate dans le système de reconnaissance. Nous avons proposé dans un premier travail, un nouveau système de reconnaissance des chiffres basé sur la méthode structurelle codage de Freeman. Un deuxième travail consiste à concaténer le vecteur attribut de deux méthodes d'extraction de primitives, statistiques et structurelles en vue d'avoir plus d'informations sur l'image d'entrée. Un troisième travail, porte sur la sélection des attributs les plus pertinents par algorithme génétique et par une nouvelle approche basée sur la stratégie d'évolution.

Notre travail est divisé en deux grandes parties :

- La première partie englobe les trois premiers chapitres (chapitre 1, 2 et 3). Dans ce contexte, nous avons évoqué un état de l'art sur les généralités et les préliminaires associés aux différentes phases de la chaine de reconnaissance ; prétraitement, extraction des primitives, sélection des attributs et classification.
- La deuxième partie concerne les 3 derniers chapitres (chapitre 4, 5 et 6). Dans cette partie nous avons présenté les expérimentations des méthodologies proposées, ainsi que les différentes discussions concernant les résultats obtenus. Les diverses expérimentations et simulations sont effectuées sur une base de données de 600 chiffres, imprimés et manuscrits, provenant de différents scripteurs.

Dans le premier chapitre, nous avons présenté, en premier lieu, les concepts de base liés à la phase de prétraitement et à la phase d'extraction des primitives. Les techniques de prétraitement améliorent considérablement la qualité de la classification en éliminant le bruit et les différentes distorsions engendrées lors de l'étape d'acquisition des images. Dans de telles techniques, on trouve : la binarisation, le détourage, la squelettisation, la normalisation et autres. Nous avons présenté, en second lieu, diverses méthodes statistiques et structurelles d'extraction des primitives pour la reconnaissance des caractères manuscrits, imprimés et isolés. Entre autres, la méthode du zonage, projection de profil, codage de Freeman et HOG.

Dans le chapitre 2, nous avons introduit les concepts relatifs aux différentes approches de la classification qui existent ; hiérarchiques, non hiérarchiques, de partitionnement, etc. Dans le cadre de notre thèse, nous avons opté à l'utilisation de trois méthodes de classification non hiérarchiques et à apprentissage supervisé. En premier, nous avons décrit le principe de fonctionnement de la méthode de classification k plus proches voisins qui repose sur la notion de métrique. Nous avons présenté en second, la méthode FMMC en détaillant son architecture ainsi que son processus d'apprentissage composé de trois phases ; expansion, test de chevauchement et contraction. En dernier, nous avons présenté le concept de base des réseaux de neurones. Une étude s'est focalisée principalement aux perceptrons multicouches qui sont très utilisés en classification de données. Nous avons mis l'accent plus particulièrement sur la méthode de rétropropagation du gradient pour mettre à jour les poids synaptiques du réseau pendant la phase d'apprentissage. Enfin, nous avons évalué le réseau de neurones de type perceptron multicouches par un résultat expérimental sur la fonction XOR.

Dans le troisième chapitre, nous avons décrit les approches évolutionnistes, principalement les algorithmes génétiques et les stratégies d'évolution pour l'optimisation du vecteur des attributs. Le principe consiste à choisir parmi les N attributs sélectionnés initialement, les q attributs, $q \leqslant N$, qui sont les plus pertinents, les moins redondants et les plus discriminants. En effet, les attributs redondants et moins pertinents sont considérés comme un bruit pour la classification. Dans ce contexte, nous avons entamé le principe de l'algorithme génétique, les différentes phases de sélection, de croisement et de mutation, et l'algorithme qui lui régit. De même pour les stratégies d'évolution, nous avons énoncé le principe, les opérateurs de sélection et de mutation et à la fin l'algorithme qui résume les différentes étapes de fonctionnement des SE.

Dans le quatrième chapitre, nous avons présenté un nouveau système de reconnaissance des chiffres basé sur le codage de Freeman. L'image représentant le chiffre a été initialement prétraitée. Il convient de transformer l'image en niveaux de gris, ensuite binariser, détourer, puis normaliser sous une taille fixe, pour enfin détecter et fermer le contour. Le problème de discontinuités du contour résultant a été résolu par application des opérateurs de la morphologie mathématique. Par la suite, nous avons décrit le principe de l'amélioration de la méthode structurelle d'extraction codage de Freeman qui consiste à élargir les directions du chaînage à 24-connéxités. Cette amélioration a fournit plus d'informations sur les chiffres et a réduit significativement le taux d'erreur de reconnaissance.

La technique proposée a été comparée avec la version classique du codage Freeman, la méthode statique de zonage et la méthode statique projection de profil en utilisant la méthode de classification k plus proches voisins. Les résultats de simulations ont montré que le système proposé est bien plus performant par rapport aux autres techniques. Il a obtenu le meilleur taux de reconnaissance des chiffres.

Dans le cinquième chapitre, nous avons présenté et décrit des schémas de systèmes hybrides pour la reconnaissance des chiffres. Nous avons mis l'accent plus particulièrement sur les méthodes d'extraction suivantes; Freeman améliorée, zonage et projection de profil. Les différentes phases des systèmes de reconnaissance sont détaillées. Les images d'entrées subissent d'abord des prétraitements, ensuite en phase d'extraction, les vecteurs attributs de deux différentes méthodes sont combinés pour ne former qu'un seul vecteur regroupant les caractéristiques statistiques et structurelles. La classification est réalisée par les techniques k plus proches voisins et Fuzzy min max. Les résultats obtenus par les systèmes proposés sont satisfaisants et donnent des améliorations en comparaison avec les systèmes de reconnaissance utilisant une seule méthode d'extraction.

Dans le dernier chapitre, nous avons proposé deux approches de sélection des attributs basées sur les méthodes évolutionnistes. Les deux approches ont pour objectif de réduire le vecteur de primitives de base afin de n'en conserver que les composantes les plus discriminantes. Dans un premier travail, nous avons traité les différentes étapes d'optimisation du vecteur attribut par approche génétique en utilisant le critère de la Trace. Pour valider l'approche, nous avons considéré deux expérimentations sur des images chiffres et lettres. Les résultats obtenus sont encourageants. Dans un deuxième travail, nous avons décrit l'approche de sélection des attributs proposée basée sur le principe des stratégies d'évolution. Nous avons défini la fonction sélective choisie et le principe des opérateurs évolutionnistes adoptés. Les résultats des études effectuées sur la base des images chiffres par les différentes méthodes d'extraction de primitives et de classification confirment l'efficacité et le besoin de la sélection des attributs qui est traduit par une amélioration des taux de reconnaissance. Finalement, l'objectif de la sélection des attributs par les deux approches évolutionnistes a été atteint; le nombre d'attribut est réduit tout en améliorant le taux de reconnaissance des images étudiés.

Perspectives

Bien que les résultats des approches des systèmes de reconnaissance des caractères manuscrits et imprimés, que nous avons proposé dans cette thèse ont été jugés encourageants, mais peuvent faire l'objet d'améliorations pour faire face à certaines limitations. Plusieurs pistes de recherches et perspectives qui peuvent étendre ce travail sont envisageables.

- Le champ des applications de la reconnaissance en traitement d'images est fort diversifié. Notre sujet de thèse s'intéresse aux images chiffres et quelques lettres françaises. Il sera donc intéressant d'appliquer nos approches sur d'autres types d'images, tel que, les images des emprûntes digitales, les images de reconnaissance faciale, les images médicales, le contrôle qualité, etc.
- Bien d'autres techniques d'extraction des primitives et de classification des données que celles décrites dans ce manuscrit peuvent certainement être bénéfiques à la classification des différentes formes de caractères et méritent d'être explorées. L'idée de combiner plusieurs techniques d'extraction de primitives ou de classification peut améliorer les performances de la reconnaissance et par ailleurs, diminuer le taux d'erreur de notre système et par conséquent avoir un système fiable.
- La sélection des attributs pertinents par algorithmes d'optimisation est un problème complexe et fait l'objet de nombreuses recherches. Dans notre cas d'étude, la sélection a été traitée par les algorithmes génétiques et les stratégies d'évolution, alors qu'elle pourrait être réalisée par d'autres algorithmes d'optimisation.
- L'évaluation et la validation des différentes approches des systèmes de reconnaissance adoptées nécessitent l'utilisation d'une base de données des images de caractères. Bien que les résultats obtenus par la base de données utilisée durant nos travaux de thèse sont très satisfaisants, l'application des approches proposées sur une base de données à couverture plus large telle que la base MNIST aurait pu donner de meilleurs résultats d'une part. D'autre part on aurait pu valoriser et comparer les résultats de nos approches par ceux obtenus en littérature. Ces limitations sont dûes à l'absence des équipements puissants et performants au niveau de notre laboratoire.
- Le développement d'une application de reconnaissance des caractères basée sur les différentes approches proposées.

Publications

Articles publiés dans des journaux internationaux

1. **Soukaina Benchaou**, M'barek Nasri et Ouafae El Melhaoui.(2018). Feature selection based on evolution strategy for character recognition. *International Journal of Image and Graphics (IJIG)*, 18(3), World Scientific Publishing Company, Scopus, DBLP. DOI :10.1142/S0219467818005515
2. **Soukaina Benchaou**, M'barek Nasri et Ouafae El Melhaoui.(2016). New approach of features extraction for numeral recognition. *International Journal of Pattern Recognition and Artificial Intelligence (IJPRAI)*, 30(6), World Scientific Publishing Company, Scopus. DOI :1.10.1142/S0218001416500142

Communications publiées dans des conférences internationales

1. **Soukaina Benchaou**, M'Barek Nasri et Ouafae El Melhaoui. (2017). Features extraction for offline handwritten character recognition. *In Proceeding of Europe and MENA Cooperation Advances in Information and Communication Technologies, Advances in Intelligent Systems and Computing 520 (EMENA-TSSL-2017)*, Springer International Publishing, Scopus.
DOI : 10.1007/978-3-319-46568-5_21
2. **Soukaina Benchaou**, M'Barek Nasri et Ouafae El Melhaoui. (2016). Combined features extraction methods for numeral recognition. *The International Conference on Wireless Technologies embedded and intelligent Systems (WITS-2016).*
3. **Soukaina Benchaou**, M'barek Nasri, Fouad Aouinti, Khalid Zinedine et Ouafae El Melhaoui. (2016). Optimization of the Attribute Vector by Genetic Approach : Application to the Classification of Characters. *13th International Conference on Computer Graphics, Imaging and Visualization (CGIV-2016)*, IEEE Xplore, Scopus. DOI :10.1109/CGiV.2016.85

4. **Soukaina Benchaou**, M'Barek Nasri, Ouafae El Melhaoui et Bouchta Bouali. (2015). New structural approach for numeral recognition based on mathematical morphology and Freeman code. *The International Conference on Wireless Technologies embedded and intelligent Systems (WITS-2015)*, Mediterranean Telecommunication Journal.
5. **Soukaina Benchaou**, M'Barek Nasri et Ouafae El Melhaoui. (2015). New structural method for numeral recognition. *In Proceedings of the Mediterranean Conference on Information Communication Technologies (MedICT-2015)*, Springer International Publishing, Scopus.
DOI :10.1007/978-3-319-30301-7_25
6. Fouad Aouinti, M'barek Nasri, Mimoun Moussaoui, **Soukaina Benchaou** et Khalid Zinedine. (2016). Satellite Image Restoration by Applying the Genetic Approach to the Wiener Deconvolution. *13th International Conference on Computer Graphics, Imaging and Visualization (CGIV-2016)*, IEEE Xplore, Scopus. DOI :10.1109/CGiV.2016.20
7. Zine Dine Khalid, M'Barek Nasri, Mimoun Moussaoui, **Soukaina Benchaou** et Fouad Aouinti. (2017). Features extraction for offline handwritten character recognition. *In Proceeding of Europe and MENA Cooperation Advances in Information and Communication Technologies, Advances in Intelligent Systems and Computing 520 (EMENA-TSSL-2017)*, Springer International Publishing, Scopus. DOI :10.1007/978-3-319-46568-5_17

Bibliographie

[AC01] M. Ali and D. Clausi. Using the canny edge detector for feature extraction and enhancement of remote sensing images. In *Geoscience and Remote Sensing Symposium, IGARSS*, volume 5, pages 2298–2300. IEEE, 2001. (Cité en page 21)

[AH07] R. Al-Hajj. *Reconnaissance hors ligne de textes manuscrits cursifs par l'utilisation de systemes hybrides et de techniques d'apprentissage automatique.* PhD thesis, Ecole Nationale Superieure de Telecommunications, Paris, 2007. (Cité en page 29)

[Amr12] M. Amrouch. *Reconnaissance de caracteres imprimes et manuscrits,textes et documents basee sur les modeles de Markov caches.* PhD thesis, Universite Ibn Zohr, Maroc, 2012. (Cité en page 29)

[AN14] A.N. Azmi and D. Nasien. Feature vector of binary image using freeman chain code (fcc) representation based on structural classifier. *Int. J. Advance Soft Computer Application*, 6(2) :30–35, 2014. (Cité en pages 29 et 71)

[Aug13] O. Augereau. *Reconnaissance et classification d'images de documents.* PhD thesis, Université Sciences et Technologies-Bordeaux I, 2013. (Cité en page 36)

[AYV01] N. Arica and F.T. Yarman-Vural. An overview of character recognition focused on off-line handwriting. *IEEE Transactions on Systems, Man, and Cybernetics, Part C (Applications and Reviews)*, 31(2) :216–233, 2001. (Cité en page 71)

[BBH07] P. Borne, M. Benrejeb, and J. Haggège. *Les réseaux de neurones : présentation et applications*, volume 15. Editions OPHRYS, 2007. (Cité en pages 48, 50 et 54)

[BBM93] D. Beasley, D.R. Bull, and R.R. Martin. An overview of genetic algorithms : Part 1, fundamentals. *University computing*, 15(2) :56–69, 1993. (Cité en page 66)

[BCC+95] P. Bolon, J.M. Chassery, J.P. Cocquerez, D. Demigny, C. Graffigne, A. Montanvert, S. Philipp, R. Zéboudj, J. Zerubia, and H. Maître. *Analyse d'images : filtrage et segmentation.* Masson, 1995. (Cité en page 60)

[BCV14] U.R. Babu, A.K. Chintha, and Y. Venkateswarlu. Handwritten digit recognition using structural, statistical features and k-nearest neighbor classifier. *International Journal of Information Engineering and Electronic Business*, 6(1) :62, 2014. (Cité en pages 25 et 82)

[BDNR15] K. Balani, S. Deshpande, R. Nair, and V. Rane. Human detection for autonomous vehicles. In *Transportation Electrification Conference (ITEC)*, pages 1–5. IEEE, 2015. (Cité en page 30)

[BH91] T. Bäck and F. Hoffmeister. Extended selection mechanisms in genetic algorithms. 1991. (Cité en page 67)

[BNA+16] S. Benchaou, M. Nasri, F. Aouinti, K. Zinedine, and O. El Melhaoui. Optimization of the attribute vector by genetic approach : Application to the classification of characters. In *Computer Graphics, Imaging and Visualization (CGiV)*, pages 405–409. IEEE, 2016. (Cité en page 100)

[BNEM16a] S. Benchaou, M. Nasri, and O. El Melhaoui. Combined features extraction methods for numeral recognition. In *International Conference on Wireless Technologies embedded and intelligent Systems (WITS)*, 2016. (Cité en page 89)

[BNEM16b] S. Benchaou, M. Nasri, and O. El Melhaoui. New approach of features extraction for numeral recognition. *International Journal of Pattern Recognition and Artificial Intelligence (IJPRAI)*, 30(06) :1650014–1,1650014–14, 2016. (Cité en page 86)

[BNEM16c] S. Benchaou, M. Nasri, and O. El Melhaoui. New structural method for numeral recognition. In *Proceedings of the Mediterranean Conference on Information & Communication Technologies*, pages 237–245. Springer, 2016. (Cité en page 79)

[BNEM17] S. Benchaou, M. Nasri, and O. El Melhaoui. Features extraction for offline handwritten character recognition. In *Europe and MENA Cooperation Advances in Information and Communication Technologies*, pages 209–217. Springer, 2017. (Cité en page 79)

[BNEMB15] S. Benchaou, M. Nasri, O. El Melhaoui, and B. Bouali. New structural approach for numeral recognition based on mathematical morphology and freeman code. In *International Conference on Wireless Technologies embedded and intelligent Systems (WITS)*, volume 5, pages 159–163. Mediterranean Telecommunication Journal., 2015. (Cité en page 77)

[Bou06] C. Bouveyron. *Modélisation et classification des données de grande dimension : application à l'analyse d'images.* PhD thesis, Université Joseph-Fourier-Grenoble I, 2006. (Cité en page 35)

[BRS+14] S. Bhowmik, M.G. Roushan, R. Sarkar, M. Nasipuri, S. Polley, and S. Malakar. Handwritten bangla word recognition using hog descriptor. In *Emerging Applications of Information Technology (EAIT)*, pages 193–197. IEEE, 2014. (Cité en page 30)

[BSA10] N.A. Bakar, S.M. Shamsuddin, and A. Ali. An integrated formulation of zernike representation in character images. In *International Conference on Industrial, Engineering and Other Applications of Applied Intelligent Systems*, pages 359–368. Springer, 2010. (Cité en page 71)

[BVC14] U.R. Babu, Y. Venkateswarlu, and A.K. Chintha. Handwritten digit recognition using k-nearest neighbour classifier. In *Computing and Communication Technologies (WCCCT)*, pages 60–65. IEEE, 2014. (Cité en page 37)

[CH67] T. Cover and P. Hart. Nearest neighbor pattern classification. *IEEE transactions on information theory*, 13(1) :21–27, 1967. (Cité en page 37)

[CIP15] N.B. Chaphalkar, K.C. Iyer, and S.K. Patil. Prediction of outcome of construction dispute claims using multilayer perceptron neural network model. *International Journal of Project Management*, 33(8) :1827–1835, 2015. (Cité en page 53)

[CS14] G. Chandrashekar and F. Sahin. A survey on feature selection methods. *Computers & Electrical Engineering*, 40(1) :16–28, 2014. (Cité en page 60)

[DER09] K. DERDOUR. *Reconnaissance de formes du chiffre arabe imprimé : Application au code à barre d'un produit.* PhD thesis, Université de Batna 2, 2009. (Cité en page 71)

[DFMD14] C. DeStefano, F. Fontanella, C. Marrocco, and A.S. DiFreca. A ga-based feature selection approach with an application to handwritten character recognition. *Pattern Recognition Letters*, 35 :130–141, 2014. (Cité en pages 60 et 91)

[DMS+02] G. Dreyfus, J.M Martinez, M. Samuelides, M. Gordon, F. Badran, S. Thiria, and L. Hérault. *Réseaux de neurones-Méthodologie et applications.* 2002. (Cité en page 49)

[DT05] N. Dalal and B. Triggs. Histograms of oriented gradients for human detection. In *Computer Vision and Pattern Recognition, CVPR*, volume 1, pages 886–893. IEEE, 2005. (Cité en page 30)

[DTS06] N. Dalal, B. Triggs, and C. Schmid. Human detection using oriented histograms of flow and appearance. In *European conference on computer vision*, pages 428–441. Springer, 2006. (Cité en page 30)

[EM13] O. El Melhaoui. *Classification de données par des nouvelles techniques de traitement de signal : Concept et applications.* PhD thesis, Université Mohamed Premier-Maroc, 2013. (Cité en pages 19, 25, 38, 39, 68, 71 et 75)

[Fer16] A. Fernández. Pattern recognition and feature extraction with an optical hough transform. In *Optics and Photonics for Information Processing X*, volume 9970. International Society for Optics and Photonics, 2016. (Cité en page 22)

[Fre74] H. Freeman. Computer processing of line-drawing images. *ACM Computing Surveys (CSUR)*, 6(1) :57–97, 1974. (Cité en page 30)

[GAM09] S. Grover, K. Arora, and S. Mitra. Text extraction from document images using edge information. In *India Conference (INDICON)*, pages 1–4. IEEE, 2009. (Cité en page 21)

[GGY15] X. Gao, B. Guan, and L. Yu. Handwritten digit recognition based on support vector machine. In *International Conference on Information Sciences, Machinery, Materials and Energy (ICISMME)*, pages 941–944, 2015. (Cité en page 71)

[GSNG12] D. Gharavian, M. Sheikhan, A. Nazerieh, and S. Garoucy. Speech emotion recognition using fcbf feature selection method and ga-optimized fuzzy artmap neural network. *Neural Computing and Applications*, 21(8) :2115–2126, 2012. (Cité en page 60)

[GTTM03] C. Y. GrahamLeedham, K. Takru, J.H.N. Tan, and L. Mian. Comparison of some thresholding algorithms for text/background segmentation in difficult document images. In *Proceedings of the seventh international conference on document analysis and recognition*, volume 2, pages 859–864. Citeseer, 2003. (Cité en page 19)

[HG89] JH Holland and D Goldberg. Genetic algorithms in search, optimization and machine learning. *Massachusetts : Addison-Wesley*, 1989. (Cité en pages 61, 62, 64 et 65)

[HG15] Z.M. Hira and D.F. Gillies. A review of feature selection and feature extraction methods applied on microarray data. *Advances in bioinformatics*, 2015. (Cité en page 33)

[HHA14] M. Hammami, P. Héroux, and S. Adam. Extraction de zones informatives dans des images de formulaire en couleur. In *Colloque International Francophone sur l'Ecrit et le Document*, pages 171–184, 2014. (Cité en page 71)

[HMSR15] A.S. Hassanein, S. Mohammad, M. Sameer, and M.E. Ragab. A survey on hough transform, theory, techniques and applications. *arXiv preprint arXiv :1502.02160*, 2015. (Cité en page 22)

[HPF10] J.E. Haugeard and S. Philipp-Foliguet. Recherche d'objets par appariement de graphes combinant contours et regions. In *RFIA : Reconnaissance des Formes et Intelligence Artificielle*, 2010. (Cité en page 22)

[HPM+98] L. Heutte, T. Paquet, J.V. Moreau, Y. Lecourtier, and C. Olivier. A structural/statistical feature based vector for handwritten character recognition. *Pattern recognition letters*, 19(7) :629–641, 1998. (Cité en pages 11 et 25)

[HSZ87] R.M. Haralick, S.R. Sternberg, and X. Zhuang. Image analysis using mathematical morphology. *IEEE transactions on pattern analysis and machine intelligence*, pages 532–550, 1987. (Cité en page 22)

[IKJ+14] N.K. Ibrahim, E. Kasmuri, N. A Jalil, M.A. Norasikin, S. Salam, and M.D. Nawawi. License plate recognition (lpr) : a review with experiments for malaysia case study. *arXiv preprint arXiv :1401.5559*, 2014. (Cité en page 29)

[IMA04] A. Idri, S. Mbarki, and A. Abran. Validating and understanding software cost estimation models based on neural networks. In *Information and Communication Technologies : From Theory to Applications*, pages 433–434. IEEE, 2004. (Cité en page 49)

[IMP12] S. Impedovo, F.M. Mangini, and G. Pirlo. A genetic algorithm based clustering approach for improving off-line handwritten digit classification. In *Information Science, Signal Processing and their Applications (ISSPA)*, pages 1188–1191. IEEE, 2012. (Cité en page 62)

[IP14] D. Impedovo and G. Pirlo. Zoning methods for handwritten character recognition : A survey. *Pattern Recognition*, 47(3) :969–981, 2014. (Cité en page 27)

[JDM00a] A.K. Jain, Robert P. W. Duin, and J. Mao. Statistical pattern recognition : A review. *IEEE Transactions on pattern analysis and machine intelligence*, 22(1) :4–37, 2000. (Cité en page 60)

[JDM00b] A.K. Jain, R.P. W. Duin, and J. Mao. Statistical pattern recognition : A review. *IEEE Transactions on pattern analysis and machine intelligence*, 22(1) :4–37, 2000. (Cité en page 25)

[JRMP12] R. Jayadevan, Kolhe Satish R., Patil Pradeep M., and U. Pal. Automatic processing of handwritten bank cheque images : a survey. *International Journal on Document Analysis and Recognition (IJDAR)*, 15(4) :267–296, 2012. (Cité en pages 15 et 71)

[JZ09] N.A. Jusoh and J.M. Zain. Application of freeman chain codes : An alternative recognition technique for malaysian car plates. *International Journal Comput. Sci. Netw. Security (IJCSNS)*, pages 222–227, 2009. (Cité en page 29)

[KA12] V. Kalaichelvi and A. S. Ali. Application of neural networks in character recognition. *International Journal of Computer Applications*, 52(12), 2012. (Cité en page 49)

[Kas92] M. Kasper. Shape optimization by evolution strategy. *IEEE Transactions on Magnetics*, 28(2) :1556–1560, 1992. (Cité en page 68)

[KB14] G. Kumar and P.K. Bhatia. A detailed review of feature extraction in image processing systems. In *Advanced Computing & Communication Technologies (ACCT)*, pages 5–12. IEEE, 2014. (Cité en pages 25, 33 et 82)

[KG14] J. Kuruvilla and K. Gunavathi. Lung cancer classification using neural networks for ct images. *Computer methods and programs in biomedicine*, 113(1) :202–209, 2014. (Cité en page 49)

[KH09] K.B. Khanchandani and M.A. Hussain. Emotion recognition using multilayer perceptron and generalized feed forward neural network. 2009. (Cité en page 52)

[KHE15] G. Karafotias, M. Hoogendoorn, and A.E. Eiben. Parameter control in evolutionary algorithms : Trends and challenges. *IEEE Transac-*

tions on Evolutionary Computation, 19(2) :167–187, 2015. (Cité en page 66)

[KJS14] M. Kumar, MK. Jindal, and RK. Sharma. Segmentation of isolated and touching characters in offline handwritten gurmukhi script recognition. *International Journal of Information Technology and Computer Science*, 6(2) :58–63, 2014. (Cité en page 28)

[KJSJ18] M. Kumar, M.K. Jindal, R.K. Sharma, and S.R. Jindal. Offline handwritten numeral recognition using combination of different feature extraction techniques. *National Academy Science Letters*, 41(1) :29–33, 2018. (Cité en page 33)

[KKN12] K. D. Kharat, P. Kulkarni, and M.B. Nagori. Brain tumor classification using neural network based methods. *International Journal of Computer Science and Informatics*, 1(4) :2231–5292, 2012. (Cité en page 53)

[KKN14] S. Khalid, T. Khalil, and S. Nasreen. A survey of feature selection and feature extraction techniques in machine learning. In *Science and Information Conference (SAI)*, pages 372–378. IEEE, 2014. (Cité en pages 25, 33 et 60)

[Law15] A. Lawgali. A survey on arabic character recognition. *International Journal of Signal Processing, Image Processing and Pattern Recognition*, 8(2) :401–426, 2015. (Cité en page 27)

[Laz08] C. Lazar. *Méthodes non supervisées pour l'analyse des données multivariées.* PhD thesis, Reims, 2008. (Cité en page 36)

[LNSF04] C. Liu, K. Nakashima, H. Sako, and H. Fujisawa. Handwritten digit recognition : investigation of normalization and feature extraction techniques. *Pattern Recognition*, 37(2) :265–279, 2004. (Cité en pages 25 et 33)

[LT02] Y. Lu and C.L. Tan. Combination of multiple classifiers using probabilistic dictionary and its application to postcode recognition. *Pattern Recognition*, 35(12) :2823–2832, 2002. (Cité en page 71)

[Lut05] E. Lutton. 03-darwinisme artificiel : une vue d'ensemble. 2005. (Cité en page 60)

[MA09] R. Maini and H. Aggarwal. Study and comparison of various image edge detection techniques. *International journal of image processing (IJIP)*, 3(1) :1–11, 2009. (Cité en page 21)

[MC02] L. Miclet and A. Cornuéjols. *Apprentissage artificiel, Concepts et algorithmes.* Eyrolles, 2002. (Cité en page 53)

[MD89] D..J Montana and L. Davis. Training feedforward neural networks using genetic algorithms. In *IJCAI*, volume 89, pages 762–767, 1989. (Cité en page 52)

[Med15] S.A. Medjahed. A comparative study of feature extraction methods in images classification. *International Journal of Image, Graphics and Signal Processing*, 7(3) :16, 2015. (Cité en pages 33 et 82)

[Men08] F. Menasri. Contributions à la reconnaissance de l'écriture arabe manuscrite. *UNIVERSITE PARIS DESCARTES, Thèse de doctorat*, 2008. (Cité en page 49)

[Mer16] M. Mermillod. *Réseaux de neurones biologiques et artificiels : vers l'émergence de systèmes artificiels conscients ?* De Boeck Superieur, 2016. (Cité en page 48)

[MHC+16] M. Mehri, P. Héroux, M. Coustaty, P. Gomez-Krämer, J. Lerouge, and R. Mullot. Reconnaissance et classification de lettrines à base des descripteurs de bas niveau et de représentation structurelle. In *Semaine du Document Numérique et de la Recherche d'Information (SDNRI)-Colloque International Francophone sur l'Écrit et le Document (CIFED)*, pages 465–480, 2016. (Cité en page 37)

[MLD12] X. Meng, J. Lin, and Y. Ding. An extended hog model : Schog for human hand detection. In *Systems and Informatics (ICSAI)*, pages 2593–2596. IEEE, 2012. (Cité en page 30)

[MLT16] K. Manalo, N. Linsangan, and J. Torres. Classification of myoelectric signals using multilayer perceptron neural network with back propagation algorithm in a wireless surface myoelectric prosthesis. *International Journal of Information and Education Technology*, 6(9) :686, 2016. (Cité en page 52)

[MP43] W.S. McCulloch and W. Pitts. A logical calculus of the ideas immanent in nervous activity. *The bulletin of mathematical biophysics*, 5(4) :115–133, 1943. (Cité en page 50)

[MTK12] K. Man, K. Tang, and S. Kwong. *Genetic algorithms : concepts and designs.* Springer Science & Business Media, 2012. (Cité en page 66)

[Nas04] M. Nasri. Contribution à la classification de données par approches evolutionnistes : Simulation et application aux images de textures".

Thse de doctorat. Universit Mohammed premier Oujda, 2004. (Cité en pages 61, 64, 66, 67, 68, 91 et 94)

[Nas07] N.M. Nasrabadi. Pattern recognition and machine learning. *Journal of electronic imaging*, 16(4), 2007. (Cité en page 35)

[NJEH+01] M. Nasri, H. Jender, M. El Hitmy, A. Rabhi, and R. Aboutni. Optimal attribute vector determination by a genetic algorithm for a supervised classification of texture images. In *5th International Conference on Qualisy Control by Artificiel Vision QCAV*, pages 322–327, 2001. (Cité en pages 94 et 96)

[OO14] S. Oreski and G. Oreski. Genetic algorithm-based heuristic for feature selection in credit risk assessment. *Expert systems with applications*, 41(4) :2052–2064, 2014. (Cité en page 60)

[PKKT13] G. Papakostas, D. Koulouriotis, E. Karakasis, and V. Tourassis. Moment-based local binary patterns : a novel descriptor for invariant pattern recognition applications. *Neurocomputing*, 99 :358–371, 2013. (Cité en page 71)

[RAI+16] H. Ramchoun, M. Amine, J. Idrissi, Y. Ghanou, and M. Ettaouil. Multilayer perceptron : Architecture optimization and training. *IJIMAI*, 4(1) :26–30, 2016. (Cité en page 52)

[RB16] N.V. Rao and B.R. Babu. Segmentation and recognition of handwritten digit numeral string using a multi layer perceptron neural networks. *IJFCST*, 6(1) :49–55, 2016. (Cité en page 52)

[Rec89] I. Rechenberg. Evolution strategy : Nature's way of optimization. In *Optimization : Methods and applications, possibilities and limitations*, pages 106–126. Springer, 1989. (Cité en page 67)

[Ren94a] J. Renders. *Algorithmes génétiques et réseaux de neurones*. Hermès, 1994. (Cité en page 48)

[Ren94b] J.M. Renders. *Algorithmes génétiques et réseaux de neurones*. Hermès, 1994. (Cité en page 64)

[RHW86] D.E. Rumelhart, G.E. Hinton, and R.J. Williams. Learning representations by back-propagating errors. *nature*, 323(6088), 1986. (Cité en page 54)

[Rip07] B. Ripley. *Pattern recognition and neural networks*. Cambridge university press, 2007. (Cité en page 48)

[RM10] G.G. Rajput and S.M. Mali. Marathi handwritten numeral recognition using fourier descriptors and normalized chain code. *IJCA Special*

Issue on Recent Trends in Image Processing and Pattern Recognition RTIPPR, 2010. (Cité en page 71)

[RP17] H. Rajaguru and S.K. Prabhakar. Performance comparison of oral cancer classification with gaussian mixture measures and multi layer perceptron. In *The 16th International Conference on Biomedical Engineering*, pages 123–129. Springer, 2017. (Cité en page 53)

[RPD01] O.D. Richard, E.H. Peter, and G.S. David. *Pattern Classification (Second edition)*. New York : Wiley-Interscience, 2001. (Cité en page 15)

[SAZ15] A.K. Sharma, D.M. Adhyaru, and P. Zaveri, T.and Thakkar. Comparative analysis of zoning based methods for gujarati handwritten numeral recognition. In *Engineering (NUiCONE), 5th Nirma University International Conference*, pages 1–5. IEEE, 2015. (Cité en pages 27 et 71)

[SBDB16] P.K. Saha, G. Borgefors, and G.S. Di Baja. A survey on skeletonization algorithms and their applications. *Pattern Recognition Letters*, 76 :3–12, 2016. (Cité en page 20)

[SBP15] B. Shaw, U. Bhattacharya, and S.K. Parui. Offline handwritten devanagari word recognition : Information fusion at feature and classifier levels. In *Pattern Recognition (ACPR)*, pages 720–724. IEEE, 2015. (Cité en page 82)

[Sch15] J. Schmidhuber. Deep learning in neural networks : An overview. *Neural networks*, 61 :85–117, 2015. (Cité en page 48)

[Ser83] J. Serra. *Image analysis and mathematical morphology*. Academic Press, Inc., 1983. (Cité en page 22)

[SIL07] Y. Saeys, I. Inza, and P. Larrañaga. A review of feature selection techniques in bioinformatics. *bioinformatics*, 23(19) :2507–2517, 2007. (Cité en page 60)

[Sim93] P.K. Simpson. Fuzzy min-max neural networks part 1 : Classification. *IEEE Transactions on Neural Networks*, 3(5), 1993. (Cité en page 39)

[SJ01] C. Saint-Jean. *Classification paramétrique robuste partiellement supervisée en reconnaissance des formes*. PhD thesis, Université de La Rochelle, 2001. (Cité en page 37)

[Sou16] M. Soua. *Extraction hybride et description structurelle de caracteres pour une reconnaissance ecace de texte dans les documents heterogenes scannes : Methodes et Algorithmes paralleles*. PhD thesis, Université Paris-EST, France, 2016. (Cité en pages 10 et 33)

[SPKP09] K.Y. Shin, Kang R. Park, B.J. Kang, and S.J. Park. Super-resolution method based on multiple multi-layer perceptrons for iris recognition. In *Ubiquitous Information Technologies & Applications*, pages 1–5. IEEE, 2009. (Cité en page 52)

[SPM15] A. Shukla, H. M. Pandey, and D. Mehrotra. Comparative review of selection techniques in genetic algorithm. In *Futuristic Trends on Computational Analysis and Knowledge Management*, pages 515–519. IEEE, 2015. (Cité en page 64)

[SRPMLC15] E. Silva-Ramírez, R. Pino-Mejías, and M. López-Coello. Single imputation with multilayer perceptron and multiple imputation combining multilayer perceptron and k-nearest neighbours for monotone patterns. *Applied Soft Computing*, 29 :65–74, 2015. (Cité en page 53)

[SS04] M. Sezgin and B. Sankur. Survey over image thresholding techniques and quantitative performance evaluation. *Journal of Electronic imaging*, 13(1) :146–166, 2004. (Cité en page 19)

[SS12] J. Serra and P. Soille. *Mathematical morphology and its applications to image processing*, volume 2. Springer Science & Business Media, 2012. (Cité en page 22)

[Sym16] E. Symeonakis. Modelling land cover change in a mediterranean environment using random forests and a multi-layer neural network model. In *Geoscience and Remote Sensing Symposium (IGARSS)*, pages 5464–5466. IEEE, 2016. (Cité en page 53)

[Sys89] G. Syswerda. Uniform crossover in genetic algorithms. In *Proceedings of the third international conference on Genetic algorithms*, pages 2–9, 1989. (Cité en page 65)

[TM97] J.M. Torres Moreno. *Apprentissage et généralisation par des réseaux de neurones : étude des nouveaux algorithmes constructifs.* PhD thesis, Grenoble INPG, 1997. (Cité en pages 49 et 56)

[Tro08] X. Trouillot. *Étude de paramètres géométriques à partir du code de Freeman.* PhD thesis, Ecole Nationale Supérieure des Mines de Saint-Etienne, 2008. (Cité en page 30)

[Val16] M. Valipour. Optimization of neural networks for precipitation analysis in a humid region to detect drought and wet year alarms. *Meteorological Applications*, 23(1) :91–100, 2016. (Cité en pages 49 et 53)

[Van00] N. Vandenbroucke. *Segmentation d'images couleur par classification de pixels dans les espaces d'attributs colorimétriques adaptés : ap-*

plication à l'analyse d'image. PhD thesis, 2000. (Cité en pages 93 et 94)

[VC14] G.K. Vianna and S. Cruz. Using multilayer perceptron networks in early detection of late blight disease in tomato leaves. In *Proceedings on the International Conference on Artificial Intelligence (ICAI)*, page 1. The Steering Committee of The World Congress in Computer Science, Computer Engineering and Applied Computing (WorldComp), 2014. (Cité en page 53)

[VF09] O. R. Vincent and O. Folorunso. A descriptive algorithm for sobel image edge detection. In *Proceedings of Informing Science & IT Education Conference (InSITE)*, volume 40, pages 97–107. Informing Science Institute California, 2009. (Cité en page 21)

[VRN15] Semwal V.B., M. Raj, and G.C. Nandi. Multilayer perceptron based biometric gait identification. *Robotics and Autonomous Systems*, 65 :65–75, 2015. (Cité en page 52)

[WFD+15] R.A. Welikala, M.M. Fraz, J. Dehmeshki, A. Hoppe, V. Tah, S. Mann, and S. Williamson, T.and Barman. Genetic algorithm based feature selection combined with dual classification for the automated detection of proliferative diabetic retinopathy. *Computerized Medical Imaging and Graphics*, 43 :64–77, 2015. (Cité en page 60)

[WLWL16] X. Wei, S. Lu, Y. Wen, and Y. Lu. Recognition of handwritten chinese address with writing variations. *Pattern Recognition Letters*, 73 :68–75, 2016. (Cité en page 71)

[Yıl12] C. Yıldız. An implementation on histogram of oriented gradients for human detection. *Bilkent University*, 2012. (Cité en pages 30 et 32)

[Yoo89] K. H. Yoo. *Image analysis using mathematical morphology*. PhD thesis, Kansas State University, 1989. (Cité en page 22)

[Yük07] M. Yüksel. Edge detection in noisy images by neuro-fuzzy processing. *AEU-International Journal of Electronics and Communications*, 61(2) :82–89, 2007. (Cité en page 21)

[ZELG16] H. Zeng, M.D Edwards, G. Liu, and D.K Gifford. Convolutional neural network architectures for predicting dna–protein binding. *Bioinformatics*, 32(12) :i121–i127, 2016. (Cité en page 49)

Printed by Books on Demand GmbH, Norderstedt / Germany